话说体彩

陈文清 著

合肥工業大學出版社

图书在版编目(CIP)数据

话说体彩/陈文清著. —合肥:合肥工业大学出版社,2023.2
ISBN 978-7-5650-6269-8

Ⅰ.①话… Ⅱ.①陈… Ⅲ.①体育—彩票—研究—中国 Ⅳ.①F726.952

中国国家版本馆 CIP 数据核字(2023)第 029724 号

话 说 体 彩

陈文清 著　　　　责任编辑 孙南洋

出 版	合肥工业大学出版社	**版 次**	2023 年 2 月第 1 版
地 址	合肥市屯溪路 193 号	**印 次**	2023 年 2 月第 1 次印刷
邮 编	230009	**开 本**	787 毫米×1092 毫米 1/16
电 话	人文社科出版中心:0551-62903200	**印 张**	14.75
	营销与储运管理中心:0551-62903198	**字 数**	233 千字
网 址	www.hfutpress.com.cn	**印 刷**	合肥华云印务有限责任公司
E-mail	hfutpress@163.com	**发 行**	全国新华书店

ISBN 978-7-5650-6269-8　　　　定价: 59.00 元

过了这个村，还有这个店

——体彩开的是“连锁店”

——作者

作者简介

陈文清，副教授，从事文化教学、体育（体彩）工作和研究30多年，曾获中共安徽省委组织部、省委宣传部、省委教育工委“优秀党务工作者”称号，获得安徽省扶贫开发领导小组、安徽省人力资源和社会保障厅“全省扶贫开发工作先进个人”称号。

序

2010 年 6 月，组织安排我到省体彩中心工作。第一次到体彩店调研，我被门店琳琅满目的陈列品吸引，听着销售员、专管员侃侃而谈，我暗下决心要尽快进入角色。此后，我注重研究体彩销售和管理，参加各种会议、培训，认真听讲和记录。十年来，我记录了 20 多本笔记。

我喜欢去门店，与代销者、购彩者拉家常，倾听他们的诉求和意见，这种现场感和亲切感，让我和他们打成一片，学到了销售的生意经、管理的“道道”，领悟了彩票销售的价值与梦想、管理的责任与担当。

体彩无数个责任、诚信、团结、创新的事迹让我感动，给了我写作灵感。我把所见、所学、所思写成文稿，陆续刊发于《国家彩票》《中国体彩》《中国体育报》等媒体。工作之余，我写下 23 万字的文稿，这是我的心血凝聚。

读过我文章的朋友力促我将其汇编成集，让更多的人看到。我把文集寄给国家体育总局体育彩票管理中心、部分省体彩中心有关领导和专家，请他们审阅。他们一致鼓励我编辑成书，给全国体彩同仁看看。这些动力促成了这本《话说体彩》。

全书力图表达的主题思想是体彩销售管理要把握三“度”、彰显三“彩”：国家的高度——中国体育彩票是国家彩票、责任彩票、阳光彩票，销售彩票的初心是筹集公益金、为体育事业和社会公益事业做贡献，体彩因有公益善行而光彩；诚信的温度——诚信是体彩立业之本、立店之基，诚信经营、热忱服务赢得信誉，体彩因有诚信和担当而出彩；执行的力度——销售管理的核心力量来自执行，体彩因有强大的执行力而精彩。

销量来自门店。本书注重探析门店营销，《门店销售的生意经》《门店营销“五步法”》等文稿，专为门店业主、销售员量身打造，有助于代销者转变销售观念，努力提升销售技能和销售业绩。

管理和销售是体彩的主要工作、重点工作。书中有20多篇文稿研析了体彩工作执行力、销售管理，如《高质量发展贵在“高”》等文章，希望对广大体彩管理者提升领导力、执行力有积极的借鉴作用。

《话说体彩》致力传播中国体彩积极向上的正能量，着力弘扬公益体彩、阳光体彩，真心期待该书能给同行一些参考。彩票行业，高手云集，希望本书能够抛砖引玉。

作者：陈文清

2022年6月15日

导 读
读《话说体彩》

一份意外之获，来自5个月前，陈文清同志将他的《话说体彩》书稿寄给我，厚厚一大本。我仔细翻阅，发现其中好多文章曾经在《中国体彩》《国家彩票》等杂志上看过，原来是文清同志用笔名发表的。这次成书，他把文稿分类整理，书稿内容翔实、系统实用，做了我这个从业时间较长的体彩人多年想做而没能做成的事。读文清同志的书稿，我的第一感觉是：欣喜！

这是因为他——

如此专心。前些年，国家体育总局体育彩票管理中心经常举办业务培训，给我印象很深的是，文清同志非常用心，参训中总是带着问题，非常谦虚地向领导、专家求教，用他的话来说，“工作不能外行，更不能在行外。”

文清同志思路开阔，对宣传工作十分重视和专心，做了不少尝试。秉持“来之于民，用之于民”的体彩发行宗旨，他在省体彩中心的支持下，负责策划、组织的2013年“第三届安徽体彩彩民运动会”因无门槛、接地气，吸引很多市民的参与，《人民日报》、新华社、央视五套、《中国体育报》等媒体都做了报道、给予肯定。

体彩工作政策性强、敏感度高、工作量大。“人人心中所有，人人笔下所无”，文清同志作为省体彩中心负责人，利用业余时间写出23万字的文稿，可见其用心用功。

如此专业。体彩面向全国、面向大众，走的是市场路、公益路。彩票销售看上去简单，实际上包罗万象。文清同志在省体彩中心工作多年，前期负责宣传工作，他勤钻研、重调研，从《让体彩调研更接“地气”》一文中可见一斑。他倾注了大量精力在体彩营销宣传和体彩品牌建设上，这从《体彩品牌建设的探究》等文稿中都能看出。他曾经参加中国体彩品牌建设工作研究小组，对中国体彩品牌建设提出诸多建设性的建议，得到总局体彩中心的肯定和采纳。为此，总局体彩中心于2018年给文清等同志发来了感谢信。

体彩销售“渠道为王”“决胜终端”，销量来自门店。文清同志对基层工作深有感情，这与他在基层工作的经历有关。他曾经在县政府工作过，到省体彩中心工作后，经常深入门店，对门店销售作了大量调研。在《门店销售的生意经》中，他收集了许多成功营销的案例，深入浅出地讲出了营销的门道，这正是门店销售所需。

文清同志在省体彩中心后期全面主持工作。作为单位主要负责人，他能按照总局体彩中心和省体育局的要求，把党的建设放在首位，始终奉行安全至上的原则。他很重视体彩的廉政风险防控，《试用管理“铁三角”促进廉政风险防控》一文，写得比较专业，很有参考价值。还有像《门店销售——从鸡过马路说起》《做好“三重一大”会议记录要把好“五关”》等，都显示出行家里手的水准。

如此专注。体彩销售管理重在廉政建设、渠道建设、品牌建设、责任彩票建设、制度建设和体彩文化建设，本书的七个部分对此专门研究、重点关注。十年磨一剑，文清同志作为一位基层管理者，能从工作实际出发，把自己的所思、所学写成文章，实属不易。

据了解，目前全国体彩仅文清同志写出了这么多的文稿，而且都已公开刊发，能结集成书，真乃难能可贵。此前，中国体彩尚无相关业务研究专题论著面世，该书应是中国体彩发行销售20多年来难得的关于体彩销售管理的专业性参考用书。这是一个体彩人的追求和奉献！

细读书稿，我有三点深切感受：

一是**实在**。书中大多数文章都是根据体彩工作实际，从实践到理论，把感性认识上升到一定的理性高度，写得很接"地气"，《小白兔招客的启示》一文讲的是真人真事。这家门店，店主很热情，白兔很可爱，营销很独特。文章以小见大，简述了营销策略、销售技巧和管理者到店调研的方法，读后颇受启发。此文获得2014年中国体彩"体彩在我身边"主题征文一等奖。

书中最后一篇《炊烟》，表达了作者希望体彩从业人员坚守底线、平安幸福的真情。

二是实干。细读书稿，深感作者用心、务实、严谨。本书的谋篇布局、遣词造句比较讲究，文字干净。比如选用的标题《沟通从"废话"开始》《想要挣钱　先要值钱》等，让人看了标题就想往下看。《体彩员工"角色扮演法"培训探析》等文稿回放了把实事办好、好事办实的场景。

2012年，总局体彩中心确定"责任、诚信、团结、创新"为体彩精神，这是中国体彩文化建设的重要内容。文清同志在本书中用四篇文章解读了体彩精神，切合实际，读来颇有新意。

三是**实用**。《彩票营销中的"加减乘除"》来自销售管理的实践，把体彩营销的理念提升到新高度，让人在不经意中能触类旁通、举一反三。

第五章“体彩工作执行力探究”共有十篇文章，比较系统地研讨了体彩工作执行力。文章指出了体彩工作中存在的共性问题，并给出解决方法，对广大体彩管理者有较高的借鉴价值，可作为体彩管理人员和销售人员培训的实操参考。

本书不少文章虽然在多年前发表，但其观点、建议在工作实践中得到验证、沿用，文稿具有一定的前瞻性和实用价值。

纵览全书，可以清晰地看出作者由表及里、见微知著地探析了中国体彩的精要，展现了中国体彩的精彩。

《话说体彩》，以彩说彩——说出体彩人的奋进、奋斗，说出体彩的光彩、色彩。

我们体彩管理者平时事务繁多，能静下心、沉下身作点冷思考，把体彩管理经验提升到一定的理论高度，是件不容易的事，文清同志能够做到这点，非常难得，值得我们广大体彩工作者学习。

我作为一位在体彩工作多年的同志，为文清同志对体彩的挚爱、付出而喝彩、所感动，对他敬业执着的探究精神表示敬意！由衷地感谢他为中国体彩事业发展做出的努力！

张云海

2022年12月28日

目　　录

第一章　体彩漫谈

我们销售国家彩票 / 3

“线说”体彩 / 7

略谈体彩的稳中求进 / 11

制约体彩发展的“老大难”问题 / 14

漫话体彩的“调转促” / 17

抓“大”也不放“小” / 20

高质量发展贵在“高” / 23

第二章　管理与培训

试用管理“铁三角”促进廉政风险防控 / 31

实体渠道建设要把好“六关” / 34

销售管理要做好“三员”的转变 / 38

专管员的角色把握 / 41

体彩员工“角色扮演法”培训探析 / 45

既要“培”更要“训” / 48

第三章　营销宣传

体彩新营销的“自觉” / 55

互联网时代体彩宣传的“新落点” / 62

体彩宣传品牌建设的思考 / 64
体彩品牌建设的探究 / 67
促销要从“三顾”转为“三统” / 71
办一届为民服务的“彩民运动会” / 75
让赛事离百姓再近些 / 80
平静中蕴含思考的一年 / 82
外婆喜欢“顶呱刮” / 85

第四章 门店销售

沟通从“废话”开始 / 91
小白兔招客的启示 / 95
门店销售——从鸡过马路说起 / 98
彩票营销中的“加减乘除” / 103
门店营销“五步法” / 110
我和业主拉家常 / 113
门店销售的生意经 / 116
门店形象之改进 / 123
道不尽的“门店扶贫” / 126
门店纾困——开办培优班 / 130

第五章 体彩工作执行力探究

千招万招不执行都是虚招
——谈执行力要素 / 137
执行咋就这么难
——谈执行难的表现及原因 / 142
忠诚高于一切
——谈执行态度 / 146
想要挣钱　先要值钱
——谈执行能力 / 150

"做好"才叫"做了"
——谈执行到位 / 153
执行重在领会
——谈领会任务 / 157
让制度"从墙上走下来"
——谈控制过程 / 161
执行贵在结果
——谈追究结果 / 166
敢用这样的人吗
——谈体彩人才培养 / 169
打造体彩优秀团队
——谈体彩团队建设 / 174

第六章 体彩精神品读
责任是体彩精神的基石
——品读体彩精神（一）/ 183
诚信是体彩精神的灵魂
——品读体彩精神（二）/ 187
团结是体彩精神的核心
——品读体彩精神（三）/ 193
创新是体彩精神的精髓
——品读体彩精神（四）/ 198

第七章 学习感悟
让体彩调研更接"地气"/ 205
做好"三重一大"会议记录要把好"五关"/ 209
批评，从表扬开始 / 213
炊 烟 / 217
后 记 / 219

第一章

体彩漫谈

我们销售国家彩票

中国体育彩票在我国发行销售 20 多年来，为国家筹集了大量公益金，得到了社会的高度认同和大力支持，彩票的价值和作用越来越大。我们销售的国家彩票具有多样性的特质。

一、我们销售的是国家彩票

国家发行彩票是一种政府行为。《彩票管理条例》第三条规定："国务院特许发行福利彩票、体育彩票。""特许"，呈现"国字号"特征，凝聚国家情怀和力量，具有品牌功效。

中国体育彩票蕴含国家意志与利益。销售彩票不是一般意义上的经营活动。这种得到国家授权、由国家统一运行经营、有专门国家机构管理的行为，是一种合法有序的经营活动。

相关管理者和从业者的一言一行都要受到国家法规和体彩行规的约束。

二、我们销售的是公益彩票

《彩票管理条例》第二条规定："本条例所称彩票，是指国家为筹集社会公益资金，促进社会公益事业发展而特许发行、依法销售，自然人自愿购买，并按照特定规则获得中奖机会的凭证。"中国体育彩票发行的初心是为社会筹集公益金，支持体育事业和社会公益事业发展。公益性是彩票的根本特性，体现了购彩者为社会公益事业作出的贡献。购彩是一种向社会奉献爱心的乐善行为，受国家法律保护。

彩票是一种博彩游戏，将个体的中奖需求与社会公益事业发展需求相结合，力求在一个广泛的范围内和理性的消费业态中筹集资金。

全国体彩销售机构致力服务社会公益事业，使体彩光彩、精彩。

三、我们销售的是阳光彩票

彩票行业集中了大量的公共资源，售彩、开奖、兑奖都是在大众监督下阳光操作。我们销售的是阳光彩票。

阳光体彩需要阳光售彩。销售管理机构必须履行彩票销售公开、公平、公正等社会职责，加大公开力度，主动接受社会监督，必然提高公信力。公信、诚信是销售彩票的最基本保证。公信即生命，所有体彩从业者应践行阳光彩票，把维护公信、诚信作为职业操守贯穿销售全过程。

阳光体彩需要阳光购彩。购彩是博彩，绝不是赌博！赌博是国家严令禁止的违法行为。体彩销售机构加大彩票公益和公信的有效宣传，可以打消民众对彩票的质疑，增强对彩票公益属性的认知，让大众知晓购买体育彩票是一种娱乐性消费，是支持体育事业和社会公益事业的善举。销售机构和门店应积极引导购彩者树立正确的消费观念，购彩者应以阳光心态购彩，没中奖也是做了善事。

阳光体彩是朝阳产业、光彩事业。体育彩票与体育事业密不可分。宣传体育彩票的同时也须宣传体育运动、体育健康，让更多的人从重视体育活动到关注体育彩票。

四、我们销售的是安全彩票

安全才能持久。确保彩票销售安全是彩票销售机构的首要任务。安全问题一直是公众最为关心的话题，也是彩票工作的重中之重。曾经发生的不安全事件，让我们充分领悟到安全的极端重要性。彩票销售风险多，有廉政风险、技术风险、渠道风险、管理风险、宣传风险、开奖风险、购彩风险等。坚持依法治彩、依法售彩，保证销售安全彩票，是中国体育彩票长期坚持的工作原则。

加强对彩票的安全监管是发挥政府主导作用的重要方面。廉政安全重在严格自律、严格防控，确保行稳致远。技术安全重在确保硬件安全、网络安全、数据安全。市场安全重在维护良好的市场秩序，及时把握行情、正确应对舆情。

五、我们销售的是责任彩票

体彩销售机构承担国家赋予的筹集公益金的光荣职责。购彩者奉献了公益金，销售机构就要担负责任，对国家负责、对社会负责、对购彩者负责，让购彩者和社会公众都能感知彩票带来的公益性和娱乐性，而不是一味地追求中大奖。

彩票具有博彩性和娱乐性。购彩者购买彩票，除了追求中奖，还能在购彩中获得乐趣。发挥彩票文化娱乐作用、消除负面影响是彩票管理工作的重要内容，也是对社会责任的担当。

国家管理部门需要完善彩票业的相关法律法规，保障彩票业能在健全的法制轨道上健康运行。中国彩票发行销售以来，国务院制定了《彩票管理条例》，财政部、民政部、国家体育总局制定了《彩票管理条例实施细则》，财政部制定了《彩票发行销售管理办法》《彩票公益金管理办法》《互联网销售彩票管理暂行办法》，总局体彩中心制定了《中国体育彩票市场监察暂行办法》《中国体育彩票销售网点代销证管理规范》等。随着科技和市场的发展，现有的规章难以跟上时代的步伐，急需制定一部符合国家法治体系需求的《彩票法》。另外，有些游戏不合时宜就要逐步退市，根据市场发展，适时发行新的游戏。

彩票销售机构要切实依法管理、安全运行，保护彩票参与者的合法权益，依法依规规范彩票的游戏玩法、返奖比例、奖金设置、渠道建设、技术设施、营销宣传等，努力规避购彩风险。重视团队建设、责任彩票建设，应用现代化技术手段支撑责任彩票的有效落实。

代销者要担负诚信经营、依法售彩的责任，依法依规销售彩票。为购彩者提供良好的购彩环境，周到服务。不赊销，避免售彩纠纷。严禁参与非法彩票销售。着力发展新的购彩者，合规增加销量。

购彩者要对自己的购彩行为负责，调好心态，量力购彩，理性购彩，快乐购彩，多了解彩票的玩法、中奖率等，不盲目购彩。

媒体要公正宣传彩票，正确引导大众认知体彩，公开监督彩票业。多宣传购彩者奉献公益金的善行。销售员辛苦销售彩票换来公益金，是公益事业的奉献者。大量的公益金广泛用于支持社会保障、教育助学、医疗救助、乡村振兴，以及支持“全民健身计划”“奥运争光计划”等。媒体宣传彩票应多以公益、娱乐为主，中奖为辅，多宣传一线销售员、管理员的事迹。有的媒体热衷于宣传中大奖，认为这样才能吸引眼球，淡化或忽视购彩者为社会奉献公益的宣传，甚或放大某个问题的负面报道，这些都是不可取的。彩票销售机构应主动与媒体沟通协作，配合媒体对彩票行业做出真实、正能量的宣传。

六、我们销售的是健康彩票

2017 年，总局体彩中心提出“建设负责任、可信赖、健康持续发展的国家公益彩票”的发展目标，重点围绕“防风险、转方式、增后劲、促发展”抓好工作落实，把销售健康彩票提到新的高度。

销售健康彩票需要健康的目标定位、战略选择、安全保障，最重要的是摒弃“唯销量论”。不用行政命令干扰市场行为，不搞年度销量任务层层加码。“唯销量论”害人不浅。彩票销售追求的销量应是合规合理的销量，是健康的销量，这是正道！所以，我们应把着眼点放在安全保障上，放在扩大购彩群体上，放在提供优质服务上，放在提高购彩者满意度上，从而树立良好的社会形象。

为此，需要着力健全与社会主义市场经济相适应的体育彩票业法制、体制、机制，完善体育彩票销售管理的各项规章制度，在各个层面做到依法售彩，从而保证中国体育彩票持续、稳健发展。

（本文刊发于 2022 年第 7 期《中国体彩》）

“线说”体彩

体彩工作是体育工作的组成部分，体彩销售管理是体育工作的重要内容。在体彩公益金的支持下，竞技体育、群众体育、青少年体育、体育产业得到长足发展，有力地促进了人民群众对健身健康的物质和精神需求。体彩工作的重要性日益彰显。

一、体彩是体育事业的“生命线”

体育行政部门改善体育场馆设施，支持“奥运争光计划”和“全民健身计划”，开展全民健身、体教结合活动，覆盖城乡全民健身工程建设等工作，都得益于体彩公益金的大力支持。体彩销量逐年增加，公益金自然水涨船高。遍布全国各地的全民健身广场、农民体育健身工程深受欢迎。有些市县体育行政部门受地方财政限制，政府除了支付人员工资和办公经费外，其他事业经费几乎全部依赖体彩公益金。换言之，无体彩公益金，相当一部分地区的体育工作寸步难行。可以说，体育彩票是体育事业赖以发展的重要保障。

公益金受用虽好，但在一些地方并未得到高度重视、广泛宣传，甚至有的体育行政部门只是等待享受公益金，积极支持体彩销售、发展市场还有很多工作要做。有的地区宣传公益金服务社会的方法不多，效果不佳。公益金宣传方面存在一些偏差：公益金与购彩者购彩行为尚未建立直接的关联；公益金宣传多是收入与支出数量的公示，忽视了购彩者参与体彩活动、公益善举的传播，忽视了购彩者购彩在社会公益事业中的重要作用，导致公益体彩淡出购彩者视线，购彩者因购彩而获得社会公益贡献的自豪感缺失。因此，为回报购彩者，更好地服务公益，各级体育行政部门应高度重视体彩宣传，有效地扩大购彩群体，保证体彩和体育事业旺盛发展的生命力。

二、体彩销售是体育工作的主线

体彩销量年年增长，很多体育行政部门认识到体彩的战略性支撑作用，积极实施“一把手工程”：主要负责人亲自抓，分管负责人直接抓，使体彩销售工作得到良好发展。

但有些地区和部门，对体彩工作的投入不够，县区一级还要加强领导和督导。有些体育行政部门常用行政手段来做体彩市场工作，重易出成绩的竞技体育、群众体育，轻体彩基础工作；重体育工作宣传，轻体彩宣传。部分市级体育行政部门在县级体彩销售的投入、规范管理和工作协调上不到位，体彩销售管理效率和效益不高。

近几年，水电、房租、人工费成本增加，部分游戏老化，门店经营不善、营销乏力、发展新购彩者少，有些门店生存难的问题越来越严重。许多难题，门店没有能力解决，需要体育行政部门和体彩销售机构合力破解。门店的生存和发展是彩票事业健康发展的前提保证，门店的兴衰直接关系到彩票市场的兴衰。从彩票市场健康、可持续发展的战略考虑，帮扶生存难的门店应该成为体育行政部门和体彩销售机构的主要工作之一。

三、体彩安全是销售工作的“警戒线”

体彩安全工作极端重要。有人形容体彩人是“守在金山旁、坐在火山上”。

体彩每项工作都涉及安全：大量的资金流动、门店销售、销售数据传输、系统技术维护、开奖兑奖、营销宣传等。一个环节、一个链节出现问题，都会影响正常销售，甚至造成难以挽回的损失和久难消弭的负面影响。

廉政安全划定了体彩销售工作的高压线和“红线”。一处、一人违规违法就会给体彩整体形象带来不良影响。必须改变重体彩销量、轻风险管理的做法，务必建立廉政风险防控机制，加强风险督察和监管，做到廉政安全警钟长鸣、长治久安。

四、齐心协力为一线

体彩销量来之不易。一张张 2 元彩票要靠门店销售员辛辛苦苦卖出。“围绕门店转”是体彩销售工作的重心。体彩销售机构要与体育行政部门密切合作，工作和投入要向一线倾斜，重视抓好基层、基础的“双基”工作，主要解决好以下几个问题：

一是理顺管理体制。现行的省管市县体彩模式有“条条管理”“块块管理”“条块结合管理”三种模式。笔者认为，无论实行哪一种管理体制，只要“接地气”、适合、实用、执行彻底、工作顺畅，就能推进体彩健康发展。省级体育行政部门要重视理顺省体彩中心与市县体育行政部门的协作关系，实现条条管理块块受益，或者块块管理条条得利。

二是用好体育资源。体彩健康、可持续发展的关键在于不断增加新购彩者。体育资源丰富，包括体育赛事、全民健身活动、体育场馆、各类体育组织、体育指导员、健身人群等，可以充分利用这些资源优势来提高体彩的知名度。在广大体育人口中发展体彩购彩者，能使体彩销售如虎添翼。

三是省市县齐抓共管。学习借用竞技体育的经验，体彩销售要建立省市县联动机制，职责分明，协调配合，齐抓共管，服务一线。

四是体育宣传要加大体彩宣传。体彩宣传是体育宣传的重要部分。常规的体育活动宣传报道远不能替代体彩宣传。体彩宣传要面向市场，主要目标是提升体彩的公益形象和扩大购彩群体。很多人知体彩、买体彩，体彩才会筹得更多的公益金，才会给体育发展带来更多的资金保障。这是宣传体彩的价值所在、使命所在。所以说，体育宣传必须把体彩宣传放在更加突出的位置，发挥更加有效的作用。

体彩发行宗旨是“来之于民、用之于民”。省市县体育行政部门要牢固树立体育彩票公益、诚信的形象，提高社会公众对体彩的知晓度。按照国家《彩票公益金管理办法》等规定，建立体彩公益金分配、管理、使用、宣传工作机制，严格申报、审批、管理和监督，真正做到惠民、扬名。在体彩宣传的规范和创新上，制订相关管理办法，统一规范体育场馆、器材及宣传体彩的范围、标识、标准。讲究宣传方法，比如原先在体育器材上刻写“中国体育彩票捐赠”，可增设“该设施建设得益于广大购彩者的支持”或“此项建筑凝聚无数购彩者的奉献”等字样，为购彩者的购彩行为赋予更大的社会价值，更多地宣传购彩者的公益善举，从而更有效地宣传中国体育彩票。

（本文刊发于国家体育总局 2014 年《体育工作研究》）

略谈体彩的稳中求进

稳中求进是中央确定的工作总基调。同样，中国体育彩票的发展也需要稳中求进。近几年，体彩呈现稳中向好的发展态势，处理好“稳”与“进”的辩证关系，是进一步认知体彩、做好销售的重要基础和方法论。

一、体彩的稳与进

稳中求进，稳是主基调，稳是大局。稳和进，既相互制约、相互影响，又相辅相成、相得益彰。只有大局稳、环境稳、市场稳，发展形势才能稳。在平稳、平顺中积聚能量，在主动进、持续进中加快发展，在改革创新中破解难题，不断提高发展质量和效益，为销量稳增长、市场稳发展奠定坚实基础。运用好辩证思维、系统思维、底线思维，把稳中求进的各项决策部署落到实处，稳就有了依托，进就有了方向。

稳是前提、根基。体彩销售管理“稳”的重点是稳住销售运行可持续性和稳定性。规模、速度和质量稳住了，才能稳定市场预期、提振发展信心。体彩销售管理“进”的重点是培育新增长点、扩大购彩群体，就是要从渠道建设、队伍管理等入手，通过打造品牌，推动大盘游戏升级，提升竞争力，确保销售稳中求进。

二、稳中求进贵在进

稳中求安是前提　一切销售，安全为上，不以销量论英雄。销售任务过重，可能伴有违规行为。增速过快要防止回落、“栽跟头”。

体彩的稳中求进必须把握稳的关键点——依法治彩、严格管理、防控风险。要清楚地认识到：体彩销售是在全面从严治党的大环境下进行，是在总局体彩中心更加严格规范销售工作下进行。销量任务的艰巨性会带来风险性。强调安全第一，稳是基础，主要是确保廉政安全、运营安全，包括渠道管理安全、营销宣传安全、门店销售安全、财务管理安全和技术保障安全。

严格管理是安全销售的重要保证。体彩工作涉及面广、受诱惑之处多。在销售管理方面讲规矩就是要坚持依法治彩。各级体彩销售机构、每位从业人员要坚守《彩票管理条例》《彩票管理条例实施细则》等法规，加强廉政风险防控，把反腐压力传递到各级销售机构，切实执行好“两个责任”和“一岗双责”，切实贯彻好“三重一大”制度和民主集中制制度，确保廉政安全“零事故”。

稳中提质是核心　体彩销量在高位上运行，需要相应的高质量门店、高水平队伍和高效能管理与之匹配。当数量达到一定规模时，提高质量就成为重中之重。

有相当一部分实体店购彩者少，生存难是个“老大难”问题。门店经营状况取决于门店本身。门店起死回生的关键在于代销者的主动营销和优质服务。门店管理工作的核心是帮助其发展购彩者，如通过有效的培训等帮扶门店提高经营水平、提高生存能力。“只要思想不滑坡，办法总比困难多”，内力借助外力，形成合力、共同发力就能取得实效。

门店提质是一个系统工程，包括品牌宣传的提质、门店形象的提质、服务能力的提质、经营能力的提质。

稳中创新是动力　创新是体彩精神的精髓，是市场竞争的秘诀。创新是发展的第一动力。稳中求进需要稳中创新。在“大众创业、万众创新”的引领下，把创新作为体彩战略发展的重点，是体彩生存的需要、发展的需要、突破的需要。

体彩的创新体现在队伍建设、渠道建设、制度建设、文化建设以及管理体制机制、技术革新等方面。不同区域、不同任务下的创新要求也不尽相同，但是体彩的制度创新、营销创新必不可少。

建制度、立规矩是管理之本。本着“务实管用”的原则，可在人财物技管理方面创建好内控管理制度，招标采购和资产资金资源管理还要创建工作流程。进一步建好市县体育行政部门与省体彩中心协作的工作机制，加强融合、联动。创建一套较为完善的管理制度、清晰的流程、顺畅的机制是规范管理的先决保证。通过制度创新增强活力，打造创新的“升级版”。

品牌创新是战略性创新，需要在“新、特、专、精”上下功夫。在数据化、“互联网＋”时代，需要以服务购彩者为中心，树立大营销观念，促进品牌营销、多屏营销、跨界营销，积极拓展新媒体传播渠道，做大宣传平台，做强宣传品牌。体彩的产品品牌有超级大乐透、竞彩等。竞猜游戏是体彩实施差异化战略的主打品牌。今年，总局体彩中心力推竞猜“门店激活”活动，需要在营销宣传、开拓体彩市场上创新。超级大乐透作为重点游戏，要通过在门店的精耕细作上创新来拓展销量增长点。门店人多主意多，销售机构要大力发动代销者自主创新，必将扩大创新成果。

稳中提效是目的 这里的“效”是指执行效率、工作绩效、社会效益。以结果为导向，需要提高执行力，防止政令级级衰减、层层打折。

对门店建设、营销宣传等经费使用要进行效果评估。改变营销宣传花钱才能宣传的观念，加强跨界合作、资源互换，少花钱也能办事，提高投入后产出的效益。

体彩工作的稳中求进要坚持目标思维、问题导向，找准“进”的切入点，发扬“钉钉子精神”，把“稳”的举措落到实处，让“进”的动力迸发，才能以稳强基、以进向好，把各项发展推向新高度。

（本文刊发于2017年《足球世界》）

制约体彩发展的“老大难”问题

“老大难”在辞典里的释义：一是指存在已久，至今仍难解决的问题。二是形容问题长期存在，又不易改进。中国体育彩票销售 20 多年来积聚了丰富的经验，也积压了一些难题。笔者从共性角度归纳了三个方面的问题：老化问题、瓶颈问题、短板问题。

一、体彩发展的老化问题

思想观念老化 有的同志长期在彩票系统工作，常用惯性思维；有的同志认为现在的销售业绩已经很不错了，小富即安或故步自封；少数同志的廉政意识还停留在多年前的认知水平；有的同志认为监管严了，社会关注度高了，就有了畏难情绪，觉得被捆住了手脚；有的同志认为政绩主要看销量，忽视安全或无视彩票市场发展规律，甚至顶着违规的风险盲目刺激销量、透支市场。

游戏提前老化 目前市场上的排列 3、7 星彩等游戏已经上市多年，少有人再做营销宣传，销量在下降。即开票销量总体呈现逐年下滑趋势，产品生命周期相对缩短。从游戏结构看，超级大乐透因为奖池不断累高，保持销量稳升的态势，但作为大盘游戏，增加新购彩者的预期效果还不理想。竞彩游戏近几年发展迅速，但是竞彩的普及和推广不够。从区域发展看，受多方面因素影响，部分县域市场发展缓慢。

销售渠道老化 有的门店开店多年还是老一套销售方式，销售技能停滞不前；内部环境差；购彩者结构单一，多是老购彩者，且人数越来越少。

管理制度老化 在全面从严要求下，“三重一大”（重大决策、重要干部任免、重大项目安排和大额资金使用）制度、招标采购制度、审计制度等没有及时修订、完善，尚未建立内控管理制度体系。人、财、物、技的廉政风险防控、监督制约机制、制度管理流程等仍然缺乏。

人才队伍老化 有的地方缺乏真正懂体彩、适合彩票市场管理需求的专业人才，人才上下流动不畅，系统性、提高性的学习培训少，工作水平与高质量队伍要求不匹配。

二、体彩发展的瓶颈问题

购彩者数量不多 现有的体彩游戏大多已上市多年，相对来说，新购彩者增加不多。如何让更多的“白领”“蓝领”购彩？实现多人少买的局面还有不小的难度。体彩产品游戏的知晓度、知名度和体彩公益的美誉度还不高。发展购彩群体尚须做大量有效的工作。

门店质量不高 经过20多年的渠道建设，现有渠道规模初步建成，但要看到仍有一些核心区域、优势区域没有体彩门店，“战略要点”门店覆盖不够。高质量门店比例虽然在提升，但是占总规模数的比例仍然不高。有些门店仍处于不盈利或者微利经营状态。

工作协作不畅 彩票销售面对市场，同时又要接受不同层级行政管理部门的领导。市场化行为应遵循市场规律，但在有些地方，体彩销售机构与体育行政部门的关系不够融洽，“两条腿”走路不够协调，体彩管理与体育管理“两张皮”现象依然存在。

三、体彩发展的短板问题

执行力短板 主要是从决策层到管理层再到执行层，一项任务布置下去，常常遇到“肠梗阻”，级级衰减，难以落实到位。比如对门店管理的标准化要求，有的门店总是不能完全做到。做好体彩工作，体彩人从不缺思想、从不缺方法，主要问题在于谋得不深、抠得不细、管得不严、落得不实。执行力不强是制约体彩发展的一大短板，也是效率和效益不高的症结所在。

宣传短板 主要是宣传效益与市场需求不匹配。在门店渠道建好后，营销宣传非常重要，事关体彩的生存和发展。体彩大宣传格局尚未真正形成。体彩宣传不是体彩销售机构一家就能完成的，需要依靠体育行政部门把体彩宣传纳入体育宣传工作，需要充分用好体育资源，但是体育行政部门和体彩销售机构联合、共同推进体彩宣传的合力还不大，营销宣传创新不多。在大数据、互联网时代，“互联网＋”给予宣传工作更多的创新、发展空间，但我们在这方面的研究、运用以及发动员工、销售员的创新还远远不够。

县域短板 主要是县级市场贡献率不高。县域市场的销量在总销量中的占比还不大。县级市场潜力很大，江苏、广东、山东等省体彩销售的成功经验表明：提升县级销售占比就是抓住了体彩工作的“牛鼻子”。

以上是从共性角度阐述体彩存在的难题。在有的地区还存在一些个性化的“老大难”问题，比如队伍结构不合理、游戏发展不平衡、安全运营形势严峻、品牌影响力不强、运营管理存在诸多薄弱环节和漏洞等。

“老大难”问题涉及体彩体制、机制的建设和管理，直接影响体彩发展。探索解决的途径，不妨把握好以下几个“度”：

抓队伍，加大落实力度。着力增强员工忠诚度、归属感和向心力，解决好队伍管理水平不高和执行难到位的问题。

抓渠道，提升基础厚度。着力门店合理布局、帮扶、培训和提质，解决好渠道建设质量不高、生存难的问题。

抓县域，拓展市场宽度。着力社区、乡镇门店的适度发展，跨界合作，解决好县级市场销量贡献率低的问题。

抓宣传，拓宽创新广度。着力发动全员创新，注重精准营销和创新营销，解决好宣传效率和效益不高的问题。

抓机制，提高联动密度。着力完善体育行政部门与体彩销售机构合力监管的运营模式，建立新的责任体系和通畅的运行机制，解决好体育行政部门与体彩销售管理机构协作不够的问题。

我们重视对“老大难”问题的研究，并加以解决，在提档升级期减轻这些包袱的拖累，就一定能轻装上阵。

（本文刊发于2017年《足球世界》）

漫话体彩的“调转促”

“调转促”是指我国经济工作中的调结构、转方式、促发展，对体彩工作同样具有指导意义。

门店生存和发展问题是销售管理的难题，涉及队伍建设、品牌建设、制度管理、执行力等。解决好这个问题是体彩工作的重要课题和重要任务。本文通过对体彩“调转促”的研究，寻求解决该问题的可行方法。

一、体彩的“调结构”

调优队伍结构 队伍建设是行业发展的根基。一切工作在于人，关键靠干部，特别是中层干部的作用至关重要。中层管理承上启下、协调左右，是抓落实的中坚力量。抓队伍建设主要是调好队伍结构，而现实的情况是，这几年有些地方体彩队伍整体变动不大。有的同志多年在同一个岗位上工作，难免有套路做法，有时把经历当经验、经验当措施，工作往往按部就班。

改变这一状况，要在抓好各级班子建设、专管员队伍建设和销售员团队建设的基础上下功夫，通过比较系统的学习培训、分层级轮训等，把从业人员的业务水平全面提上来。建立轮岗交流、上挂下派等上下流动、能上能下的用人机制。坚持正确的用人导向，真正把想干事、能干事、会干事、会共事、不出事的人调到合适的岗位，激发队伍活力。

调优产品结构 摸清本地区主打游戏的销量占比、市场份额、区域特色，品牌主打游戏潜力有多大、新的增长点在哪、长项和短板是什么、如何找准发力点、怎样突破制约发展的瓶颈，而后有针对性地强化重点，有目的地调整游戏，如以竞猜、大乐透为主，也要兼顾顶呱刮、排列3等游戏的均衡发展。

调优渠道结构 需要调整好、中、差门店结构。从统计数据看，有不少区域的门店月销量在5万元以下，很难生存，应视为“贫困门店”。有的地方“贫困门店”的占比还比较大。笔者提出“门店扶贫”，希望引起重视和研究。

渠道建设是系统工程、重点工程，更是民生工程。在门店建设上发力，既要升级改造现有的门店，又要拓展新门店。要给门店建立电子档案，建好门店管理的数据库，运用大数据技术对门店实行分层管理、动态管理、数据管理。通过提高帮扶水平、管理能力、服务质量、加大宣传来提升门店质量，通过淘汰“僵尸门店”、零销量门店，建设一批特色店、旗舰店等来优化结构，大幅度提高高质量门店占比。

调优购彩者结构 不少门店的购彩者大多是老购彩者，新购彩者不多，有经济实力的大批“白领”尚未成为购彩者。通过微信营销、立体宣传、优化服务等，设法吸引更多高收入的消费者加入购彩者行列，是体彩营销宣传需要重视的问题。发动门店开动脑筋发展新客户，让老购彩者带新购彩者，最大化扩大购彩者群体，是优化购彩者结构行之有效的办法。

二、体彩的“转方式”

实事求是定任务 近几年，不少省份已不再确定年度销量任务，而是根据年度目标任务的实际情况确定渠道建设或门店提质任务，有些地区依然下达年度销量任务。确定年度任务是一种博弈，下级希望少给点，上级希望多压点。任务过轻，不费吹灰之力就能完成，容易滋生懒惰；任务过重，感觉已无回天之力，就会“两手一摊”；任务定得能蹦一蹦“摘桃子”，往往能调动潜能、变压力为动力。无论怎样定任务，都要把安全销售放在第一位。

多管齐下拓市场 彩票销售重在渠道，在拓展渠道方面应不等不靠，主动出击找市场。改变以前等人上门求办门店的做法，充分用好多种媒体和宣传渠道，大力做好门店征召的公开宣传。合理布局，多在优势区域增机扩点。积极开展跨界合作，开拓社会渠道，努力进社区、进车站、进报亭等，做到有人的地方就要有体彩元素，人多的地方能有体彩门店。

扶持后进不掉队 市县体彩销售机构在把握节奏、工作能力方面有差异。

有的地市落后先进地市好几年；有的地市对竞彩不够重视；少数体彩销售机构内部关系没理顺，内耗大；有的市县“断层管理”比较严重。对此，省体彩中心要加大督导力度，发现好的经验要及时推广，发现大难题就要及时帮其解决。落后的分中心往往自身难以解决问题，省中心可抽调省中心、分中心骨干组成工作组，去做短暂性的重点帮扶，让落后的区域跟上队伍。

三、体彩的“促发展”

从门店终端管理来说，体彩销售机构要促进门店业主、销售员主动销售、提高经营能力，充分调动积极性，促进专管员自主管好门店。从资金保障和提高效益来说，要统筹安排好资金，提高资金的使用效率，促进资金在市场销售中发挥更好的调控作用。从省市县推进重点工作来说，省体彩中心要加强对分中心绩效考核的管理，促进分中心抓基础、抓重点。从长远发展来说，要致力建好分中心班子建设，打造优秀团队，建好一套实用、有效的制度体系和顺畅的工作机制，建好高质量的门店管理体系，促进体彩健康、可持续发展。

（本文刊发于2017年《足球世界》）

抓“大”也不放“小”

管理层抓主要矛盾、抓重点工作的方法常常是抓大放小，但在体彩销售管理中，由于体彩任务决定、精细化管理要求等，往往抓“大”也不放“小”。

抓大盘游戏，也要兼顾小盘游戏 抓好超级大乐透、竞猜主打品牌，也要兼顾抓好排列 3 等小盘游戏。在现实工作中，有的区域的主打产品可能只是一种游戏，其他游戏的营销往往被忽视。如同高考不能偏科一样，保持产品游戏的相对均衡发展，是体彩全面、可持续发展的市场需要。

抓好销量大市，也要帮扶销量小市 “麻雀虽小，五脏俱全。”销量小市与销量大市的管理成本和工作要求并无二致。销量小市存在的难题，日积月累会越来越多。发现销量小市存在自身难以解决的大问题，省中心要及时抽调精干人员组成工作组去帮扶。有的省中心采取轮岗交流分中心主任的办法或是派干部驻点帮扶，帮助分中心换思路、变方法，注重“抓两头、促中间”，带动全体发展。

抓好销量大的门店，也要帮助销量小的门店 在一个区域，门店销量总会有大小之分。销量小的门店往往问题不小，如进店购彩者少，门店生存难。如果忽视这些销量小的门店“老大难”问题，它们可能每况愈下，最后退机关门。建一个门店花费成本不小，业主财力、人力的投入和分中心管理人员精力的投入都不小。一个门店关门歇业会对体彩产生负面影响，造成销售员失业。所以，对于销量小的门店，只要能帮扶的，就一定要帮扶。

抓销量大户的优质服务，也要重视销量小户的维护 我们往往把购彩量大的客户当作“大客户”，但是某一次购彩量大的客户不一定是“忠诚”客户。

在市场营销学中，“大客户”与“小客户”之间并没有绝对的界限。不能单纯以某一次的消费量大小来衡量“大”“小”客户，而是考虑客户持续为门店带来销量的能力。我们常常把需求量大的重复消费客户视为大客户。实际上，大客户可以变成小客户，小客户也可以变成大客户，或者拉来大客户。经常来购彩的客户，就应该视为大客户。对客户的管理，如果“眉毛胡子一起抓”，不但大客户不会满意，小客户也难以维护，容易导致核心客户、忠诚客户的流失。毕竟在互联网时代，客户的选择有很多、流动性很大。

管理学中有一条“二八定律”，即对于一个区域而言，80％的销量往往来自 20％的核心客户，而另外 80％的客户可能带给门店 20％的销量。这 80％客户中有的只是微利客户。对客户的管理与服务要采取差异化策略，让客户中的忠诚者得到回报，让若即若离者得到激励，让潜在客户产生消费欲望，让损减销量的客户远离门店，这些人人皆知的道理，做起来并非易事，而做到这些，才能达到客户管理的至高境界。

抓大的工作节奏，也要注意小节点的统筹安排 省市销售机构的业务工作往往以总局体彩中心大的公益宣传或促销活动为中心。各省因为情况不同，在保持与总局体彩中心大节奏同步的情况下，结合地区实际，有自身的平行安排或跟进策划相应的配套活动。相对于总局体彩中心的工作部署来说，这些活动虽是小节点的活动，但它往往更切合实际所需、更接地气，特别是一些创新的小营销活动，常常有较好的拉动作用。

抓好大的廉政风险防控落实，也要不放松细小之处的严格要求 体彩因为业务量大、涉及面广，廉政风险要从微小之处抓起。前几年，审计署对十八个省级彩票销售机构的审计，给彩票从业人员敲响了警钟，各省把廉政建设摆在空前重要的位置来抓。风险防控要在细微处把关、点滴中汇聚，让“抓大”形成威慑，“严小”养成习惯，进而习惯成为自然，这正是体彩改进行风、作风的契机。

体彩人的主要精力多用在销售管理上，有时对廉政风险防控的重视程度会不会打折扣？由于要求太严格、太具体，执行起来会不会滋生出“变体”？任何一项工作，抓而不紧，等于不抓；抓而不力，等于白抓。针对廉政风险的“小切口”，同样要有大动作，要做好常抓不懈、制度紧跟的大功课。

抓大的安全管理，也不要忽视小纠纷的及时处理 一件小纠纷若在门店一分钟解决不了，到市分中心可能一小时都难解决，甚至到省中心、总局体彩中心一天、一个月也处理不完。购彩者中奖彩票被抢、彩票兑奖的纠纷等小事情变成大难题的事例，业界人士并不陌生。体彩销售安全、舆情防控历来都不是小事。一些危机公关事件处理不好的话，很可能因小失大，主要原因是管理者经验不足、能力不够、忽视了小节，或是工作习惯不好。而对一些看似简单的违规行为，若管理人员不向当事人讲明后果和危害，或视而不见，或得过且过，或不及时纠正，久而久之，就会使责任人形成不好的工作习惯，危及销售安全。

因此，各级销售机构在安全管理上出大手笔、做大文章的同时，还要加强对小违章、轻微违规的防范和查处，使从业者养成遵纪守法的好习惯。

抓好大的体彩文化建设，也要重视小活动的开展 体彩文化建设是推进体彩事业发展的重要工作。体彩文化建设需要在开展许多有益的小活动中落实，得以体现“责任、诚信、团结、创新”的体彩精神。

“大”与“小”的关系、放与不放的关系是辩证的。体彩的“抓”大不放“小”体现了既“牵住牛鼻子”也串好“珍珠”。不放“小”是为了抓好“小”，而抓“大”，为的是统筹兼顾、整体推进、全面发展。

（本文刊发于2017年《足球世界》）

高质量发展贵在“高”

习近平总书记强调：“高质量发展不只是一个经济要求，而是对经济社会发展方方面面的总要求；不是只对经济发达地区的要求，而是所有地区发展都必须贯彻的要求；不是一时一事的要求，而是必须长期坚持的要求。”这“三个要求”，指明了必须把高质量发展落实到经济社会发展的各领域和全过程。

中国体育彩票经过 20 多年的快速发展，到了转变发展思路和策略的重要时期，正在深刻理解、全面把握高质量发展。本文就中国体彩高质量发展试作粗浅探析。

一、高质量发展的特点

先从认知国家经济高质量发展的内涵入手，把握高质量发展的特点。这里遴选有关专家的研究，供参考。

高质量发展，意味着高质量的供给、高质量的需求、高质量的配置、高质量的投入产出、高质量的收入分配和高质量的经济循环。高质量发展集中体现为发展质量、结构、规模、速度、效益、安全的有机统一，体现为速度与质量的辩证统一。高质量发展同时注重发展的“量”和“质”：从关注经济规模和增长过程，转向关注增长的结果和增长的效益；从关注经济增长一个维度，转向关注经济发展、生态环境等多个维度；从关注经济增长的要素投入，转向关注要素生产力的提升和要素优化配置；从关注 GDP，转向关注以人民为中心的各项制度落实和城乡区域之间的协调发展。

高质量发展以创新为动力，促进经济增长稳定、区域发展均衡，实现绿色发展。它具有以下特点：

第一，高质量发展具有针对性。它是保持经济持续健康发展的必然要求。推动高质量发展是提升我国整体竞争力、跨入世界强国之列的紧迫要求，必须坚持质量第一、效益优先，加快推动产业转型升级，由高速增长转向高质量发展，表现为增长的稳定性、均衡性、可持续性、公平性。

第二，高质量发展具有综合性。它是一个涉及多个层面、多个领域、多个群体的复杂系统，体现在全体、全员、全程、全链条上。

第三，高质量发展具有复杂性。从影响因素看，高质量发展涉及政治、经济、社会、文化、生态等方方面面。比如经济方面，包括经济增长动力、产业结构优化、高新技术产业发展、企业做大做强等。

第四，高质量发展具有动态性。要有国际视野，准确分析现实变化与研判未来发展趋势，及时跟进，有效应对高质量发展在不同发展阶段的不同主题。

第五，高质量发展具有创新性。创新既是实现高质量发展的第一动力，也是高质量发展的重要标志。主要路径是通过提高效率和集约化程度、通过经济结构优化、通过增长动力转换来实现高质量发展。

从高质量发展的认知中，我们得到启示：高质量发展贵在“高”——“量”和“质”的标准、要求都很高。推进高质量发展需要改革创新。

二、体彩高质量发展的体现

从企业经营层面理解，高质量发展包括一流竞争力、安全可靠、持续创新、具有品牌影响力，以及先进的质量管理理念与方法等。笔者认为，体彩高质量发展应注重把握好以下几个要素。

1. 高目标定位

目标就是高地，目标决定战略。体彩销售的总体目标是筹集公益金，支持体育事业和社会公益事业发展。

从体彩 20 多年的发展来看，不同阶段的目标任务和工作重点不尽相同。起初，游戏产品单一，仅销售即开型彩票，随着市场不断壮大和购彩者需求日益增长，发展目标转为销售多产品游戏。乐透型、数字型、竞猜型游戏陆续上市，这个阶段，业内人士称之为“产品为王”。

随着产品增多，知晓度提升，有很多人想开体彩店，拓宽销售渠道成为主要目标，业内人士称这个阶段为“渠道为王”。此时的体彩集中力量重抓渠道建设，以专营店为主，兼营店为辅，实体店建设得到快速发展，轰轰烈烈又扎扎实实，还寻求与其他渠道的合作，比如与村淘、邮政、旅游等行业、企业的合作，努力向乡村、社区拓展。

当游戏产品和渠道建设趋于成熟时，体彩认识到品牌的重要性，开始注重宣传公益和责任，建设品牌成为重中之重，这个阶段俗称“品牌为王”。经过全国体彩上下的努力，此阶段的品牌建设得到突飞猛进的发展。

一直以来，总局体彩中心把安全放在第一位。近几年，出台了一系列制度规定，一切工作以安全为重，坊间俗称“安全为王”。

同时，把高质量发展放在很重要的位置，可以理解为“质量为王”。

精准的目标定位是高质量发展的首要条件。目标定得准，所做的功都是有用功。综观体彩发展历程，各个阶段目标不同，主题和重点不同，总体上都能准确定位，适应了市场发展和购彩需求，正在阔步迈向高质量发展的道路。

2. 高质量品牌

品牌是市场竞争力的体现。高质量发展需要高大的品牌形象来引领。建设体彩品牌不仅有利于公众识别产品、保护购彩者和行业的利益，而且有利于体彩营销宣传，扩大购彩群体，更是树立良好形象、推动高质量发展的坚强保障。

“十三五”期间，体彩把品牌建设提到新高度，成立中国体彩品牌建设工作领导小组，组建专家团队研讨，确定品牌建设方略，出台管理制度，制订工作计划，加大投入和宣传力度，在全国体彩系统全面推进，取得了显著成效。

高质量的品牌，需要具备高品质、高调性、高形象的内涵。品牌建设是一个系统工程，需要全国体彩“一盘棋”、一体化，做大做强品牌。

3. 高素质人才

高质量发展必须有高水平人才队伍来支撑。企业的“企”，如果没了“人”，就会“止”。高质量发展需要聚集专业人才、优秀人才，需要培养人才、用好人才、留住人才。团队的凝聚力、战斗力来自人员职业操守、忠诚度、廉洁奉公、担当的培养和养成。让员工在体彩团队得到充分肯定、信任和激励，每个人都有一种强烈的归属感、荣誉感，这是高质量发展的内核特质和文化地基。

高质量的发展需要对管理队伍、技术队伍、销售团队整体水平提档升级，从而促进体彩生产关系更加适应生产力的发展。

4. 高效率管理

高质量发展对原有的管理标准、管理制度、管理方法、管理机制等提出了新任务、新标准、新要求。推动高质量发展要大力推广先进技术手段和现代化质量管理理念、方法的运用，形成具有体彩特色的质量管理理念和模式。以问题为导向，梳理制约发展的管理瓶颈，高质量发展需要提高管理资源配置效率，需要制度与机制的有效匹配，需要健全制度体系、统一流程，建立更加高效的运行机制，实现制度从系列向体系的转变、从规章向法规的转变、从管理向治理的转变。

5. 高创新驱动

创新产生动力和活力。把创新摆在更重要的位置，进一步增强创新解决问题的意识，加大创新力度、扩大创新领域：一是加大科技创新。吸收和培养创新型人才，加快科技成果转化。比如体彩终端机从半热线到全热线的创新升级，大大提高了销售工作的效率，让体彩人尝到了科技创新提质的甜头。在互联网时代，大数据、云计算等的广泛应用，对体彩创新有新的启发和要求。二是加大管理创新。通过提高管理集约化程度和执行效率来实现高质量发展。三是创新销售增长方式。通过渠道提质、优化游戏结构和扩大购彩增长点来实现高质量发展。

6. 高品质健康

体彩高质量发展需要安全、健康、可持续发展。销售渠道的拓宽、提质是彩票可持续发展的重要保证，是高质量发展的重要依靠和标志。保持产品质量的健康与持续要通过转换增长动力，促进新科技、新模式、新产品、新业态的出现，不断推动游戏产品向价值链的中高端迈进。

“十三五”期间，体彩倡导“做负责任、可信赖、健康持续发展的国家公益彩票”。在此引领下，中国体彩重抓责任彩票工作，把彩票安全、扩大购彩群体作为重点，推动事业向更稳更高更好的方向前进。

对国家来说，高质量的发展代表经济更健康、更绿色、更有活力，国力更强盛，社会更稳定。对彩票业来说，高质量的发展代表品牌优势、渠道优质、管理高效、健康增长、安稳运行。

三、促进体彩高质量发展的要求

推动体彩高质量发展，是适应全面建成小康社会的必然选择，是遵循市场规律的必然要求，是“十四五”乃至更长时期彩票发展的主题。

推动体彩高质量发展，必须全方位提升，“一点都不能低”。体彩高质量发展体现在体彩发展的方方面面。优化产品、渠道建设、品牌建设、队伍建设、营销宣传、技术保障等，需要全面的升级。按照高质量发展的要求，必须树立先进的发展理念，做好顶层设计，坚持新发展的“五大理念”，强化研究、科学谋划、统筹协调。建立推动高质量发展评估、考核机制，实现管理精细化、集约化、法治化。

推动体彩高质量发展，必须坚持全国体彩“一盘棋”“一个都不能少”。体彩发展存在区域发展不平衡、门店发展不平衡、个体（代销者和管理者）发展不平衡等现象。实现高质量发展，必须坚持整体发展，努力缩小富裕地区和贫困地区、富裕门店与贫困门店的发展差距，推进全部区域和门店发展的全面提升。特别是帮助部分贫困门店提高销售的含金量，让门店能够持续生存和发展。实现高质量发展，必须坚持以人为本，归根到底是实现全行业人员整体水平、执行力的共同提高。

推动体彩高质量发展，必须坚持“永远在路上”“一刻都不能停”。高质量发展绝不是应时之举、权宜之计，而是立足体彩事业全局、全程、全面发展的战略选择，必须长期坚持、持续推动，久久为功。如今，彩票发展遇到更多的难题和挑战，高质量发展任重道远，必须保持战略定力，全力加大创新。

所有出发，为了到达。所有奋进，为了目标。体彩高质量发展立足全局，把握规律，通过创新建立起新理念、新技术、新产品、新渠道、新增长，全面提高竞争力和执行力，释放高目标定位、高质量品牌、高素质人才、高效率管理、高创新驱动、高品质健康的能量，一定会把体彩高质量发展推向新高度。

（本文刊发于2022年第8期《中国体彩》）

第二章

管理与培训

试用管理“铁三角”促进廉政风险防控

俗话说，油多的地方易摔倒。彩票业资金量大、社会关注度高、风险性强。廉政安全关系自身、组织、行业。做好廉政风险防控是彩票销售管理的重点工作。构建“不敢腐、不能腐、不想腐”的防控机制，是抓好党建、落实责任彩票的重要保证。

一、用廉政管理“铁三角”——加强“不敢腐”支撑

管理学认为，制度、流程、机制是管理的“铁三角”。制度描述的是应该界定什么、做什么，流程标明应该由谁来做、哪个岗位来做，机制确保如何做好。制度与流程的关系如同“堤坝”与“河道”的关系，“堤坝”用来护航。在制度、流程皆存的前提下，机制发挥保障通畅作用。

实施廉政管理“铁三角”要从查找廉政风险点入手。彩票的招标采购量大、与外界合作面广、资产物料多，都是重大风险点聚集之处。根据权力和自由裁量权的大小、腐败现象易发生的概率、危害程度，梳理出权力清单，每个岗位都要列表确定岗位风险点所在，并确定高中低风险等级。

实施廉政管理“铁三角”要建立制度“防护墙”。在全面排查各岗位风险点的基础上，制定各项工作制度和风险防控办法。按照清权、确权、权责一致的要求，建立人、财、物、技内控管理制度体系。

创建“流程图＋”，即防控项目＋风险点＋防控措施＋责任人。在梳理风险防控流程时，可邀请纪检部门、高校等有关内控管理专家与部门人员会审，增强指导性、专业性。

健全制度防控体系，就是要把制度关进“笼子”，防止“牛栏关猫”。

二、用廉政防控“六机制”——强化“不能腐”预警

彩票廉政风险防控的关键是建立有效的运行机制。在工作实践中，可实施六项工作机制（“六制”）。一是审计制。彩票的廉政风险聚焦在财务和物资上。财务管理坚持“事先申报、事中审核、事后审计”。加强月度报账审计、年度审计、离任审计和“飞行”审计。二是督导制。廉政工作与业务工作同布置、同要求、同检查。主动接受上级纪检部门指导，选用优秀干部专人、定期督导重点部门和市、县销售中心。三是试点制。建立廉政风险防控试点工作机制。选择一两个部门、市级体彩分中心作为廉政风险防控试点，为风险防控工作提供决策依据和经验。四是通报制。通过周例会、职工大会等，及时传达纪委通报的违法违纪案例，每月通报廉政建设工作进展。五是轮岗制。重要风险岗位按规定年限和工作需要适时轮岗。六是考核制。廉政工作实行“一票否决”。制定廉政考核办法，签订廉政责任书，年终做述廉报告和廉政考核。

三、用廉政教育“五个一”——增强“不想腐”意识

廉政风险防控重在加强教育，让每位同志会算清廉“七笔账”（“政治账”“经济账”“名誉账”“家庭账”“亲情账”“自由账”和“健康账”），认识到违纪违法的代价，从心灵深处战胜贪欲。

结合体彩廉政风险防控特点和要求，实行廉政风险防控教育“五个一”：要求各部门和市、县销售机构列出一个廉政风险点等级表，制作一套廉政风险防控流程图，给每位党员干部配置一个廉政责任警示牌（放在办公桌上），给办公室和会议室配置一个廉政规定警示栏（如将“八项规定”“三严三实”挂在墙上），编发一本《体彩廉政学习教育手册》。

组织全体职工到廉政教育基地接受廉政教育，观看廉政教育警示片，开办“体彩廉政大讲堂”。通过体彩网、微信等，形成全覆盖的宣传教育平台，营造体彩廉政风险群防群控的氛围。业务研讨和培训会，逢会先讲、逢会重讲廉政要求，不断增强职工廉洁自律意识。

四、用廉政防控“四原则”——实行“零风险”管控

廉政风险防控要对不正之风和腐败现象“零容忍”，确保廉政风险防控

“零失误”、廉政安全“零风险”。

坚持“立体防控” 通过全员防控、全部防控、全面防控，将制度规定融入各项销售和管理中，实现相互制约、相互监督。

坚持重点防控 以领导干部和涉利人员为重点对象，以规范和制约权力运行为核心，增强对风险部门、岗位、环节和招标采购高等级风险点的廉政风险防控。

坚持有效防控 加强调研和改进，及时调整权力运行流程图，不断完善防控措施，增强风险防控工作的针对性、时效性。

坚持预警防控 预防为主，惩防并举。依靠廉政风险防控的制度、流程和机制，发现问题依法依规及时处置或惩处，将腐败遏制在萌芽状态。

在实际防控中，着力抓好以下几方面工作：

注重落实防控责任制 廉政风险防控责任分解到部门及个人，实行分级负责、分层管理。高等级廉政风险由主要负责人负责，中等级廉政风险由分管负责人负责。强化廉政责任追究制。

注重加强风险预警 采取前期预防、中期监控和后期处置等措施，提高预防腐败工作水平。采取自查自纠，对可能引发腐败的苗头性、倾向性问题，及时预警和纠正，避免发生违纪违法行为。

注重加大政务公开 重视单位财务开支、人事调整、调资、职称评定以及热点问题的公开，增加透明度，自觉接受群众监督，习惯在阳光下操作，确保办事公平、公开、公正。

注重防控监督 重点是对“三重一大”制度和民主集中制度落实情况的监督。加强对各级体彩中心大额采购招标、营销宣传经费使用以及终端机管理中廉政工作的专项监督。

注重工作实效 在稳步推进的同时，建立廉政风险防控长效机制，加强体彩行风建设和党员干部作风建设，不断提高从业人员风险防控的科学化水平，确保取得实效。

（本文刊发于2022年第5期《中国体彩》）

实体渠道建设要把好“六关”

体彩销售“渠道为王”“决胜终端”。体彩门店是体彩销售渠道的主阵地。体彩销售机构务必树立“一切为了门店、为了门店一切”的思想，把事关门店生存和发展的布点、建店、养店工作作为重中之重，切实把好“六关”，建好高质量的实体渠道。

1. 布局关

建店前要综合分析市场，充分考虑市场需求度、扩张度、饱和度和均衡度。市、县体彩销售机构要全面摸清家底和辖区内已建门店情况，分析区域人口、文化、本地购彩者的购彩习惯和经济状况，结合竞争伙伴渠道建设情况，结合市场容量和发展，结合人员流动情况（人气）等，确定布点位置和数量。可采用“挂图作业法”，将布点纳入整体规划，统筹布局，制订门店布局规划图和计划推进表。一些新城区、新商圈建成后，布点工作要及时跟进。

2. 政策关

政策支持可以区别对待。对不同区域（市区、县城区、乡镇）、不同类型（专营店、兼营店）的门店，在门店补助等方面采用不同的政策。对不同等级门店实施星级管理，区分好、中、差，制定灵活可变的佣金政策，激励门店晋级。对乡镇门店扶持，可视情采用“零押金”、减免租赁费。

3. 标准关

严格按照总局体彩中心《中国体育彩票销售门店店面形象手册》《竞彩品牌和店面运营管理手册》和《体育彩票销售网点工作手册（试行）》的标准、

大乐透“五个一”（奖池公告牌、今日开奖牌、海报、走势图、中奖展示）等统一要求，建店时就将相关标准作为代销者上岗培训的硬性要求，并以牌匾等形式挂贴在门店。专管员在门店建设中要到店指导、把关，规范销售区、即开展示区、宣传区和中奖展示区的划分，确定电脑、电视、展示柜等位置，完善店内各种要素布置，要求装饰公司按照《体彩门店店面形象手册》的标准施工，确保门店建设规范、达标。门店建成后，专管员要对照各项标准严格验收，硬件到位、软件齐备、活件合格（销售员初步掌握打票、营销等技能）才能通过，努力让门店业主销售员从一开始就养成依规销售的良好习惯。

选好点重要，选好人（销售员）更重要。把好选人关头为门店发展的首要保证。要制订培训计划，严把培训考核关，达不到上岗标准的销售员坚决不让其上岗。业主对竞彩门店和销售员的选择要特别慎重，事先要全面了解他们是否掌握一定的竞彩知识、是否喜爱竞猜、社会人脉关系如何、营销水平如何。专管员要指导业主广泛征召、择优选取。

4. 开业关

新店开业是营销宣传、发展新购彩者、提振信心的重要环节。开业前，对周边商铺、单位、居民区的告知宣传是销售取得“开门红”的关键。开业时，分中心要高度重视，多派人手到店指导，可利用彩车、报纸、网络、户外墙体等形式做好外围宣传，帮助门店有重点地在当街、周边发放体验券、宣传单、礼品，提高门店知晓率和顾客进店率。有条件的门店要认真办好开业仪式，通过铺红地毯、搭彩虹门、摆花篮等方式，吸引路人进店购彩。经验表明，开业时的进店人员有相当一部分人后期会成为购彩者。

5. 生存关

建店是为了存活和获利。建成是基础，养护是重点，营销是核心。门店开业后，销售员因对终端机操作、玩法技巧、产品营销、宣传物料使用等不熟悉，会出现手忙脚乱、顾此失彼的情况；购彩者少是新店面临的共性问题，专管员要主动蹲点指导，帮助业主销售员初步掌握销售技巧和方法，直至门店步入正轨后方能放手。分中心和专管员在做好门店基础工作的同时，要督促门店加强营销宣传：一方面做好店内各项宣传，另一方面要走出店外，利用各种社会关系和资源，着力扩大购彩者群体。分中心把握好各类促销营销活动，帮助门店扩大宣传。事实表明，新开业门店出现的诸多难题如不能及时得到解决，门店后期生存难度就会加大，积极性会受到打击。开业初期的困难当即解决就会事半功倍。

一些门店生存难是突出问题，可以学习体彩合肥市分中心门店实训基地优秀业主朱先生的营销生意经，概括为“三勤”“五舍得”。

勤规范 走势图摆挂规范，中奖号、奖池及时更新。宣传区资料图片张贴整齐。收银区彩票机、展示柜摆放合理，便于购彩者购买。地上、房顶保持整洁、干净。店外音响招人气，门头电子显示屏亮起来，吸引行人关注。销售员佩戴工号牌，衣着整洁给购彩者感觉正规，便于区分购彩者与营销员。简要地说，就是要做好开门三件事：把展示亮起来、把环境美起来、把形象树起来。

勤钻研 销售员熟悉各种游戏玩法才有资格开店。中奖是硬道理，想购彩者所想才是经营之本。业主要主动宣传，不厌其烦，热情周到，向新购彩者推介简易好中的玩法；用心分析各类购彩者的购彩心理，可建立购彩者客户档案；节假日、生日短信发送优惠活动通知，节日赠送小礼品，邀请购彩者到店聚会。

勤取经 业主主动到分中心汇报销售情况，争取支持，提前获得营销信息，加强与专管员的沟通和信息传递。有空就到别的体彩店、福彩店看看，以购彩者身份和销售员聊天，学习他们的好经验，获得更多启发，学人所长所优来改进自身不足。

舍得送 新购彩者进店就送体验券，吸引购彩者购彩。店里常备香烟、瓜子、茶水，结合省、市中心促销活动，自购奖品、物品送给没中奖或中大奖的购彩者。

舍得用 灯具、电视、音响、电脑等设备，即使没有购彩者也常开。空调该用则用。店内宣传物料尽可能多地张贴有序、富有美感。

舍得请 常请购彩者用餐，联络感情，烘托气氛，延长购彩者在店的时间。

舍得说 购彩者进门时，店主主动打招呼，“大哥”“美女”挂嘴边，“请稍等”“对不起”“请慢走”随口说，主动与购彩者研究玩法技巧。不赊账，该拒绝就友好拒绝。

舍得赔 忙中出错，要当即赔礼、纠正；款打错就马上赔偿，给购彩者诚信之感。

6. 管理关

门店建成后，分中心要加强维护和管理，着力提升门店运营能力和掌控能力。首先要加强门店档案管理，将门店基本情况、固定资产、业主销售员信息等建档。建立清晰的资产及物料的发放、使用、转移、维修等流程图，给终端机、电视机、电子显示屏编号（可用二维码），实时掌握资产流动信息。其次要加强门店销售管理。建立账期管理、巡察制度。把新建门店的成活率纳入专管员绩效考核。建立门店管理考核制度，采用“销售管家”“手机看店”等加强门店销售监控，及时了解门店上下班、开机率、开机时间、门店内外展示情况等。

注重营销宣传管理。一些门店不重视店内宣传，宣传画不及时更新，缺乏公益宣传，这些都需要认真改进。专管员要适时跟踪门店销售、分析销量，落实好星级考核制度、门店奖励政策，服务、整改、帮扶，努力提高门店运营质量和管理水平。

门店渠道建设往往存在重布点轻布局、重建设轻维护、重数量轻质量、重促销轻营销、重服务轻管理等问题，把好门店建设“六关”，变粗放式管理为精细化管理，变松散式管理为集约化管理，将会有力地促进实体渠道建设健康、可持续发展。

（本文刊发于2014年《国家彩票》）

销售管理要做好“三员”的转变

体彩专管员、销售员和管理干部负责体育彩票营销与管理工作，是体彩销售的主力军。不过，在一些地区，“三员”的职能发挥还有很大的上升空间，需要创新机制，转变“三员”的职能以推动体彩事业更好地发展。

“三员”存在哪些问题？

有些专管员是送票员。前几年，有的地方不少专管员前身是即开票销售代表，专送即开票。销售代表取消后，他们大部分被市分中心接收为体彩专管员。专管员的职能不仅是管理员，还要兼当宣传员、培训员、服务员。由于工作绩效和考核长期以即开票销量为主，并有提成奖励，专管员多专注即开票配送，无精力、无兴趣管理门店，导致电彩、竞彩销量下降，造成人才浪费。

有些销售员是打票员。不少门店只有一名销售员，在销售高峰期，销售员忙于打票没有时间和精力主动推荐体彩产品，无暇向购彩者推介玩法技巧和促销活动内容。有些销售员是业主雇佣的，待遇低、没保障，缺乏积极营销意识，随时可能离开销售岗位。即使在岗，也只会安于做一名打票员。

有些管理干部是官员。近几年，市、县体育行政部门加大体彩市场销售管理，为体彩事业发展发挥了重要作用，但有些市、县体育局局长（分管局长）经常更换，对体彩业务不熟悉、情况不了解，对体彩认识不到位、不感兴趣，难以指导体彩销售和管理。

因此，做好“三员”的转变十分必要。

一、专管员由送票员转变为管理员

体彩专管员是负责区域门店管理与服务的工作人员，为门店提供物料配送以及培训、宣传等服务，是销售机构与门店之间联系的桥梁；对门店指导、管理、监督，及时反馈一线销售情况，起着承上启下、协调左右的作用。

创新工作机制。即开票配送占用了专管员的大部分工作时间，必须创新工作机制以提高门店的管理能力。目前，从全国体彩来看，许多省市很重视此问题的研究和解决。有的省由投递公司承担即开票配送工作；有的市分中心尝试由一名专管员专门送票；有的地市雇佣社会力量采用销售代表方式配送即开票；有的省采用“400”电话热线模式，或专管员加销售代表送票，或多支小分队配送即开票；还有一些省调动市、县体育行政部门的资源帮助销售即开票，努力减少或解脱专管员的送票工作，取得了良好效果。

改革绩效考核制度。调整绩效考核方法，将以即开奖励为重，转为以门店管理和电彩销量为主，兼顾即开票配送（即开票销量达到电彩销量一定比例再给予奖励），建立门店管理与整体销量齐头并进的考核制度，从而使专管员自觉投身到门店管理、培训和帮扶工作上。

加强培训和监督管理。开展专管员轮训，不断提高专管员的管理能力。在门店设置专管员信息公示牌，公布专管员的姓名、照片、电话，为购彩者反馈意见、建言献策提供渠道，有利于专管员接受社会监督，规范服务行为。

二、销售员由打票员转为营销员

建立销售员等级评比制度。分中心对销售员管理可以实行“三个统一”：统一管理、统一培训、统一标准。建立体彩销售员评级管理制度，综合考量门店销量、营销能力、服务态度和销售业绩，根据考评结果颁发等级证书，给予优秀者办理社会保险、送体检等。

加强销售员营销能力培训。制订培训工作计划，以常规培训、集中培训和学习交流等方式丰富培训内容，以短信、微信等形式，组织销售员学习彩票法规和营销、玩法技巧；通报门店销量排名，激发其争先进位。省中心玩法培训小组或省市中心聘请培训师，有组织地到市、县巡回讲授，或者送培训到门店，面对面地为销售员培训。销售员可多到示范门店观摩，学习销售经验和销售技能。

三、管理干部由官员转为“研究员”

省体彩中心要帮助市县体育行政部门的局长、分管局长加强彩票市场特点、规律的研究，让他们熟悉彩票销售情况、市场行情，努力成为彩票行家，成为重视彩票、懂彩票、抓彩票的“研究员”，使彩票管理在正确决策、理论指导实践、有强大执行力的高平台上良性运作。

加强业务培训。定期开展局长、分管局长体彩业务培训，帮助管理干部学习体育彩票政策法规，学习彩票营销管理工作实务、玩法知识。

加强学习交流。彩票工作集市场力、行政力、管理力、创造力于一体，各级管理干部要与时俱进、加强研究，不断学习新的经营管理理念。通过研讨会，或是到彩票销售先进地区学习交流，提高营销宣传、销售管理水平。

纳入考核内容。充分调动体育行政部门的积极性，要把体彩销售管理的重点工作，特别是门店渠道建设和宣传渠道建设纳入年度考核，促使体育行政部门加强对彩票工作的协调配合。

体彩销售管理关键靠人，靠人才，充分发挥好“三员”职能的作用，就能适应市场发展的需求。

（本文刊发于国家体育总局2014年《体育工作研究》）

专管员的角色把握

专管员是体彩区域管理的工作人员，负责一个区域的门店管理和服务。他们在体彩销售管理中责任大、作用大、功劳大。专管员准确把握角色、摆正位置、发挥优势，事关体彩事业的良好发展。

一、专管员的作用

管理服务 顾名思义，专管员是专门管理人员，管理是专管员的第一职责。到店巡查、督促、整改都是常规的管理工作。专管员在做好上级要求“规定动作”的同时，还要根据工作的轻重缓急和门店的不同情况做好管理的“自选动作”。

门店是体彩的窗口。专管员是体彩形象的“化身”。为门店、为购彩者服务是专管员管理职责的重要内容。专管员应担当“专员”，优质服务，做门店的“贴心人”。

承上启下 专管员是体彩管理机构与体彩代销者之间沟通的“桥梁”和“纽带”。对“上”——要把上级管理机构的政策、规定、任务和要求及时传达到门店，做好督促落实。对“下”——要把门店代销者的问题、诉求、意见、建议及时反馈给体彩销售机构。专管员应担当“联络员”，知己知彼，做门店的“知心人”。

统筹协调 总局体彩中心高度重视责任彩票建设、渠道建设和品牌建设，重抓安全工作、推进高质量发展，这都需要在基层执行好、落实好。专管员要吃透任务要求，既抓重点工作，又抓基础工作，担当“特派员”，“弹好钢琴”，做门店的“领导人”。

二、专管员的角色

彩票发行初期，只有即开票销售，那时的专管员只是即开票的送票员。随着体彩事业快速发展，游戏和门店增多，专管员的任务和职责发生了很大的变化。新的任务对专管员提出了新的要求，笔者认为，一个称职的专管员应是一岗多责、一专多能，应当把握好“六个角色”。

管理员 专管员的核心工作是管理，主要有渠道管理、宣传管理、培训管理、门店管理、销售管理等。专管员每天必修的功课是到店访查，负责检查门店日常行为规范（包括销售情况、内外形象、走势图、奖池信息、中奖信息等），检查门店各项工作要求是否执行到位。

专管员是体彩的公职人员，是个“透明”的管理人员，一言一行都代表体彩，都要受到社会公众的监督。一切管理，都要“阳光操作”。

宣传员 门店销售要注重做好品牌宣传、公益宣传、促销宣传以及扩大购彩群体的宣传。宣传工作直接影响销售，专管员要深知宣传的重要性和宣传要求，既要检查、督促门店做好电彩、竞彩、即开票展示、中奖宣传，还要多收集优秀门店的宣传经验和好的做法，予以推广。

服务员 专管员为门店做好服务，既是本职工作，也是业绩的体现。要在服务内容和服务方式上做到多样化、人性化、实用化，比如，帮助门店配送宣传画、打印纸，拆装机器，终端机除尘及维修，给予业务指导，解答购彩者提问等。通过这些点滴服务，拉近与门店的距离，增进与门店的感情，努力与门店建立友好关系；以文明服务、规范服务来促进管理，积极引导门店规范经营、诚信经营。

协调员 专管员对上要协调好与市分中心的关系，对下要协调好与业主、销售员、购彩者的关系，还要协调好与县（区）体育行政部门的关系。因此，专管员要处理好几个关系：处理好门店与分中心的关系，处理好与媒体、购彩者的关系。有效化解代销者与购彩者的冲突，最重要的是调解好代销者与购彩者的矛盾、纠纷！

培训员 给业主销售员培训是专管员的一项重要职责，特别是培训好新开店的销售员。常规的业务培训主要是对门店彩票知识、管理规定、游戏规则、投注方法、终端机操作等的培训。有些营销培训，是根据上级促销任务，召集代销者进行销售工作布置的培训。现行的培训更多的是注重对销售员销售理念、销售技能的培训，从而指导代销者经营好门店。培训要分类对待，有针对性地培训优秀门店和贫困门店，“抓两头促中间”。

信息员 彩票市场有同质竞争，比如销售即开票，进行游戏促销时，竞争伙伴总是及时地“跟近、贴近”。我们要虚心向竞争伙伴学习，时刻把握市场动态。身在一线的专管员，一方面要有掌握市场信息的敏感性，拓宽信息渠道，快速、准确、全面地收集市场信息；另一方面要将收集的信息加工、整理，第一时间报告上级，供决策参考。另外，要及时掌握辖区内门店新建、老店搬迁等信息，按规定流程办理。

专管员的职责并不限于以上所述，但是管理工作是第一位的。把门店理顺了、管好了，就不需要疲于奔命。能做到“无为”而治，专管员就成了“专员”。

三、把握好专管员角色

当专管员不难，当好专管员却不容易。这里，给出五点建议——“五上而得”：

第一，要放在心上 就是要爱岗敬业，时刻把体彩事业放在心上。你若喜欢做一件事情，再累也不觉得累，你会主动工作，感到这是一种乐趣。如果工作是你不喜欢做的事，只能是“被动工作”“被动做事”，潜能、创造力就无法发挥。

中国体育彩票是国家彩票、公益彩票，值得当成事业来奋斗。体彩销售管理是项很辛苦、挑战性很强的工作，需要大量的付出，选择了体彩就是选择了辛劳，也选择了快乐，更选择了光荣。

认真只能做对，用心才能做好，热爱才有动力。

第二，要跑在路上 竞技体育工作要“一切围绕运动队转”，体彩管理要“一切围绕门店转”。专管员的主要工作要以门店为“责任田”，分类指导，将主要精力下沉到门店，用时间换朋友，用精力换管理，用辛劳换业绩。

第三，要抓在手上 就是要掌控好门店。不同的门店，销售员的性格、为人处世、销售方法、技能各异。总有一些“不听话”、难管理的门店。理顺关系，理好情绪，驾驭好门店是一门学问，需要修炼多年。

为此，专管员要注重提高五种能力：一是沟通表达能力；二是协调平衡能力；三是观察分析能力（专管员的眼睛必须是“火眼金睛”，一进门店就能发现问题）；四是应变处置能力；五是执行能力。

第四，要记在簿上 就是要注重收集、分析信息资料。专管员不能当“甩手掌柜”，要善于把别人的成功经验或者失败的教训，把同事的建议、竞争伙伴好的做法等，记录在专用的簿子上，日积月累就会有很多意想不到的收获。

比如，对门店进行量化管理，建立门店管理电子档案：每天记录门店的销量、中大奖情况、出现的问题等。建立门店管理工作日志：记录业主经营状况、生意经，记录门店的困难，分析归类。这样的记录本，就是功劳簿。

第五，要挂在嘴上 一个体彩人就是一个媒体。一个热爱体彩的人，时时处处都不忘宣传体彩，把宣传体彩当成一种习惯。如到店帮扶、督察，不忘销售经验和销售技巧的传授。

敬业使人快乐，勤劳使人致富，总结使人进步。一个优秀专管员，一定是忠诚、敬业、有担当的人，一定是体彩赖以信任的“四梁八柱”。

（本文刊发于 2022 年 11 月《中国体彩报》）

体彩员工“角色扮演法”培训探析

培训是员工最大的福利。培训是销售管理的重要工作。让员工在短时间内得到有效的提升，就得讲究培训方法。“角色扮演法”培训让学员以“主人”的身份参与，极大地增强其主动性。

一、“角色扮演法”培训简介

“角色扮演法”培训是指在一个模拟的案例研讨环境中，指定参训者扮演某种角色，借助角色的演练来理解案例内容，模拟角色发表观点、处理事务，从而提高解决问题的认知水平和实战能力。这种方法对于老员工而言，主要目的是提高灵活应变、现场驾驭和解决难题的能力，促进业务精益求精；对于新员工而言，主要目的是训练态度仪表、言谈举止等交际技能，使其尽快适应新岗位和新环境。对象不同，培训的内容、方式也不同。“角色扮演法”其实是一种综合法，与授课法、讨论法、案例分析法结合使用，能产生更好的效果。

培训要求：教员要做好演练前的准备工作，根据培训对象选择好课题、案例；备好材料和一些必要的场景工具；对学员进行分组；选定主持人（也可自己担任）；对扮演角色提出要求（仪表、精神状态、言谈举止），说明注意事项。演练中及时指导、指正，引导互动。针对扮演者存在的问题进行分析和评论，对有价值的观点或建议可留作课后讨论。演练结束，各组给出小结，教员点评，表扬优点，指出不足。

二、“角色扮演法”实训案例

我在一次全省体彩宣传员培训中试行了此法。

主题：研讨公益体彩宣传进门店。

做法：将学员分为四组。第一组学员扮演门店业主、销售员；第二组学员扮演购彩者；第三组学员扮演管理者；第四组学员扮演媒体。各组推荐一名组长和秘书。组长负责组织本组研讨、推出发言人，秘书负责记录、提示、协助，教员担任主持人。

培训内容摘录：

主持人提出话题：体彩公益宣传是品牌宣传的重要内容。门店是中国体彩的代销点，聚集人流，是宣传公益体彩的主阵地，为何有些门店不愿宣传公益体彩？

第一组经过讨论，推出几个学员代表分别说出缘由：门店主要以卖彩票为主，公益宣传是管理机构的事；没有时间、精力做公益宣传；门店小，没有空间张贴公益宣传画；宣传了公益也没什么奖励。

第二组学员说，在有的门店见过体彩公益宣传画，让购彩者知道体彩利用公益金支持体育事业发展；看到不少小区有体彩赞助的体育健身器材，还为社会公益做了不少善事，这都是购彩者的奉献，购彩者有荣誉感。有的门店不宣传公益，购彩者大多不了解购彩的公益善举。

第三组学员认为，中国体彩发行理念是“公益体彩　乐善人生”。公益宣传是中国体彩品牌建设的重要内容。门店要卖好彩票，必须有品牌引领。门店代销者要提高对公益体彩和体彩品牌重要性的认知，把宣传公益体彩作为销售的一项重点内容，二者相辅相成。

第四组学员经过讨论，发言代表说，宣传公益体彩，媒体也有义务，但是公益宣传素材少，缺乏高质量的宣传片。第三组有两个学员指出第四组的问题：不少媒体乐于中大奖宣传，不重视公益宣传。

各组指出的问题，在一问一答中进行了热烈讨论，各个角色都有话可说，现场气氛非常活跃。教员要求全体学员参加问答，最后作了点评和小结。学员们对门店必须宣传公益体彩达成了共识，还探讨了体彩公益宣传进门店的做法，受益匪浅。

三、“角色扮演法”培训的体会

从上述案例可以看出，“角色扮演法”培训具有以下优势：

一是增强主动性。学员有明确的角色定位，都能以主人的身份参加演练，容易对讨论的问题产生浓厚兴趣。教员鼓励学员积极思考，亮出观点，变被动听讲为主动发问、讨论，大大激发学员的主观能动性。

二是增强互动性。学员之间、学员与教员之间积极交流，信息传递多向化，迅速产生新问新知。知识和经验在相互交流、启发中取长补短，有利于学员发现自己的不足、开阔思路，加深对知识和问题的理解，互动效果明显。

三是增强现场感。相比平台听课，这种方法更具有现场感、画面感。所选案例为学员所见所闻，现场情景与现实背景十分切合。特定的模拟环境和主题融洽，大大增强培训的现实效果。这种方式生动具体、直观直达，容易使学员养成积极参与和向他人学习的习惯。

四是增强技能。通过扮演和观察其他学员的言行，可以学到各种交流技能。通过教员指导，可以及时认识自身存在的问题并进行改正。及时反馈与矫正，可以有效地训练学员寻找最佳解决方法，提高沟通能力和分析问题、解决问题的能力。据培训后反馈，这种方法对提高受训者的责任感和养成积极的工作态度特别有效。

不足之处："角色扮演法"培训效果的好坏主要取决于教员的水平；扮演角色的问题分析限于个人，不具有普遍性；个人不正确观点容易影响其他学员的态度；讨论课题选择会直接影响培训效果；受训人员自身的水平会影响培训效果；不利于受训人员系统地掌握知识和技能。

四、"角色扮演法"培训的注意事项

第一，要选好案例。案例应具有真实性，不能随意捏造。案例要和培训内容相一致，以现实中的难题为好。

第二，要及时纠偏纠错。对出现过激言论或偏激观点，教员要立即作正面引导、辨析，及时纠偏、矫正。

第三，要把控好全场。当出现冷场时，教员要多鼓励多启发，善于营造氛围，激发参训人员的兴趣。对互不相让的争论，教员要及时引导到主题探讨上。

第四，要精准点评。适时点评、到位点评都是教员的基本功，直接决定培训效果。恰如其分和恰到妙处的点评，往往能起到画龙点睛之效。

（本文刊发于2022年11月《中国体彩报》）

既要“培”更要“训”

培训是体彩管理的重要内容。常规的培训大多是针对门店的培训，重视“培”的内容要求，往往忽视“训”的技能提高。本文介绍结构化讨论培训方法和创新性培训方法，在强化“训”的方面作一探讨。

一、结构化讨论培训

结构化讨论培训是近年来各类培训中主推的一种新型培训方法，强调互动性，对“训”的技能提升具有十分重要的理论和现实价值。

具体培训方法：培训师介绍研讨主题，然后分成几个小组，每个小组推荐主持人和记录员各一名。将一张大白纸贴到墙上，写上讨论的题目，小组成员围绕研讨题目一一发表观点，记录员及时记录要点（重复的不记录）。每个人都要发言，直到没有意见时停止，接着逐项进行投票评分（每个人对每个讨论观点按重要、次要、一般，分别给出 3 分、2 分、1 分），统计、评出前三个最能代表大多数人意见的观点。各小组推荐的主持人总结本小组讨论的主要观点，代表本组在全体参训人员会上阐述。

2014 年 11 月 19 日，我在黄山市调研体彩工作，参加了体彩黄山分中心的工作研讨会。我改变常用的座谈研究方式，介绍了结构化讨论培训方法与要求，研讨了黄山分中心销量增长点在哪，面临的挑战和问题是什么，解决问题的对策和措施是什么。

我选定分中心副主任当主持人，另一名专管员担任秘书，负责记录。在墙上贴了两张大白纸，写下题目，要求每个人给出一个建议，秘书一一记下。顿时，会场的气氛热烈起来：有的说抓门店管理，有的说做好宣传创新，有的说抓住世界杯发展竞彩，有的说抓住机遇做强大乐透……多种观点给出后，大家依次对各个观点进行评分。对黄山分中心面临的挑战、问题和解决问题的对策、措施，依次进行了“找答案”和“评答案”两轮互动，30 分钟后，这三个问题的答案已清晰地呈现。

这样的培训在黄山分中心还是第一次，其变领导一人说为众人说，变领导说为领导听，变一人想为众人想……容易集中民智、统一认识。与会同志表示：“这个办法真好，我们的思路一下子清晰了很多”“这样的培训方式也可以运用到专管员给销售员的培训、有关业务研讨会、务虚会上。”

这种培训与平时常用的圆桌会讨论相比，不是“一言堂”式说教，也不是附和式发言，而是让每个人都要思考、参加讨论，从而大大调动了参训人员的积极性，培训时间也少于平时的轮流式讨论的用时。概括地说，主要有以下几个特点：

一是开放式讨论，避免了思维的相互干扰，使得组员的观点更加独立。

二是保证学员在发言权利上的平等，汇集小组成员来自不同方面的知识和信息。每个议题基本上都有十多条成熟的建议。

三是采取“发散一聚焦”方法，易于整合集体认同的观点。

四是提高了效率，极大地节省了研讨时间。

五是参与决策的人能够认同决策结果，提高了决策的认同度和可接受程度，容易对结果达成共识。

结构化讨论培训强化成员参与，一个人能够听到众人对同一个问题提出的不同意见，了解具有不同思维特点的人是如何使用不同的方法来分析解决问题。同时，畅所欲言，能够克服胆怯心理，积极表达自己的观点和看法，通过你一言我一语的相互补充，渐渐显现出答案的全貌，对问题提出针对性的解决方案，从而共同分享获得感，能力、素质于无形中得到提升。

结构化讨论培训的优点是：讨论小组成员之间充分互动，达到了相得益彰的效果；让以前枯燥的培训平台变成了凝聚集体智慧、充分展示才能的舞台；充分享受了自我参与、亲身体验、相互交流的过程，构建了一种经验共享的新型培训模式。

这种方法可以广泛运用于对门店的培训、对专管员的培训、对其他工作人员的培训，比如，研讨如何扩大竞猜销售的增长点、如何解决门店生存难题、如何主动营销等，效果会比以前常规的“灌输式”培训要好。

二、创新性培训

在互联网时代，许多新兴培训应运而生。为打破传统的大规模培训（集体培训），我们做了不少尝试，以下几种培训方法体现了“训”的实战性。

定向分层培训 成立培训工作领导小组，建立培训师培训制度、专管员帮扶门店制度、门店销售员培训制度等。确定全年培训目标，分析受众对象，制订新增门店、落后门店轮训计划，有计划地对涉彩人员进行分层级、分类别、分项目培训。

建立基地培训 选择优秀门店作为门店培训基地，定期给落后门店做示范培训。让优秀代销者现身说法，言传身教。

组建团队培训 为配合重点游戏培训工作，分中心综合考核选拔一批擅长营销、熟悉投注技巧、会宣传的优秀业主、销售员组建了竞彩、大乐透研究团队，分别负责某一个游戏的专题培训。将培训的要点整理成二维码、小课件等，发给门店对照查看、随时浏览，巩固培训效果。

开办线上培训 业主、销售员平日很忙，为快速传递信息，分中心分别建立门店竞彩、大乐透的QQ群、微信群作为学习培训平台，每天通过QQ、微信提醒门店宣传要点、注意事项、最新信息和营销动态，要求每个门店按照分中心的指令统一行动。

输送交流培训 把培训学习作为门店的福利。为开阔眼界，采取“走出去，请进来”的培训方式，选择部分人员到兄弟省市的优秀门店考察学习；邀请外省或外市优秀业主来分中心做客，与门店交流竞彩、大乐透的销售经验。“外来的和尚好念经”，门店代销者对请来的培训师传授的实战经验，往往聚精会神，一听就懂、一学就会。

上门驻点培训 精选优秀门店业主或分中心培训师，上门给新门店和部分落后门店做点对点培训。邀请部分优秀业主到店以座谈会方式培训，分析门店的问题和症结，共同讨论解决问题的措施。

三、做好“培”更要搞好“训”

“培”是针对性的传授，“训”是在“培”的基础上对内容的多次重复，从而掌握运用知识的技能。“培”主要是解决从不知到知，或从旧知到新知，或从浅知到深知，先“知”而后“行”。“训”主要是解决从“知”到“行”，从“会”到“熟”。

“培”，主要是导入与传播。“训”，主要是实践与塑成。通过“训”把成功的“培之成果”训练成为一种习惯、一种潜意识，这样培训才能转化成生产力，达到培训所要的“正果”。

培训不仅是上课受教（“培养”），还包括配套的“训练”。不难发现，现实中有的培训只是做了“培”的工作，在“训”的方面太过忽略。因此，要加大“训”的投入。

“训”能巩固应用知识。经过“训”的过程，参训者会发现哪些技能自己没有掌握，从而去思考、研究，然后将知识固化，根植于脑中。运用“训”，能提高工作效率。理论知识、业务技能的掌握需要长期不懈的训练，这样才能有利于提升员工观察问题、发现问题、解决问题的能力。

总之，体彩从业人员要一专多能，获得销售和管理的技能甚或重于知识、要求的接受，而专门参训时间紧，在培训中更应突出“训”。只有把“培”的内容在“训”中充分体现出来，才能达到学而能用、学有所用、学以致用的效果。

（本文刊发于 2017 年《足球世界》）

第三章

营销宣传

体彩新营销的“自觉”

新营销的“自觉”是指市场经营者、参与者对新营销的自知和觉醒，即知晓其形成过程、特色、发展趋势和社会价值，从而增强自身的适应能力、创建能力。

近年来，新营销的发展日新月异。营销面向市场发展、面向客户需求，传递海量信息、传播全新理念、传承传统经验。新营销的快速发展对中国体彩的营销宣传有着重要的借鉴作用。运用新营销理念、思维和方法，对做好体彩营销宣传有着重要的现实意义。本文摘选部分专家的研究成果，希望对同行有所启发。

一、新营销特质的自觉呈现

1. 新营销观的“点状”表现

大数据 或称巨量资料，指涉及的资料量规模巨大到无法透过主流软件工具，在合理时间内达到撷取、管理、处理，并整理为帮助企业经营决策的资讯。主要特点：数据体量巨大，从 TB 级别跃升到 PB 级别；数据类型繁多；价值密度低，商业价值高；处理速度快。大数据技术的战略意义不在于掌握庞大的数据信息，而在于提高数据的“加工能力”，通过“加工”，实现数据的“增值”。

云计算 它是计算机计算的一种方式，其核心是统一管理和调度大量用于网络连接的计算资源，构成一个计算“资源池”，为各类用户服务。提供资源的网络被称为“云”。“云计算”是通过一个巨大的数据中心来协同调度各种数据运算。云技术要求大量用户参与，即要收集某些用户数据。

移动互联网 将移动通信和互联网结合，主要运用于手机、网络。它以宽带 IP 为技术核心，是可同时提供语音、传真、数据、图像、多媒体等高品质电信服务的基础网络。移动互联网应用最早是从短消息服务开始，俗称“第五媒体”。5G 时代已经来临，智能手机普及率提高，移动应用服务日趋丰富。

大数据、云计算、互联网与移动互联网直接影响各行各业的发展。客户、渠道、平台等数据海量增长，从数据分析处理中可以寻找营销工作的切入点、突破口。

2. 新营销观的“树状”展现

数据（库）营销 数据（库）营销是在各种数据技术飞速发展的基础上逐渐兴起和成熟起来的一种市场营销推广方式。它通过收集和积累大量消费者的信息，经过处理后预测消费者有多大可能去购买某种产品。通过数据库的建立和分析，对顾客的资料有详细、全面的了解，给予顾客更加个性化的服务支持和营销设计。

数据库营销在部分发达国家的企业里已相当普及。一般来说，真正给企业带来丰厚利润的顾客只占所有顾客的 20%。然而，绝大多数企业的客户战略只是获取顾客，很少花精力去辨别和保护他们的最佳顾客，同时去除不良顾客。由此可知，利用数据库营销管理将是优化客户管理的一个重要方向。

内容营销 顾名思义就是“内容＋营销”。实际上，“内容营销”＞“内容＋营销”。内容营销的定义是：为引发顾客行动而赢利，企业会创造和分配有价值的内容去吸引、获得和连接目标受众。成功的内容营销策略不仅可以帮助企业在自己的领域建立公信度，还能帮助企业打下长期的商业关系基础。

内容营销凭借提供优质、有吸引力和有价值的信息驱动消费者购买，从而更好地保留客户，提高品牌忠诚度。内容的创造需要基于品牌现实。体彩竞猜以赛事营销为核心，是内容营销的最好诠释。

移动营销 对于拥有越来越多屏幕选择的网民来说，以往需要依靠电脑来完成的事情，如上网浏览新闻、看视频等，如今一个智能手机就能完成，手机互联网营销成为时尚。移动互联网用户所具备的唯一身份、即时在线和高度互动特性，让移动营销出现新的广告蓝海。

多屏营销 近年来，全球PC、平板电脑和手机出货量飞速增长，多屏构成了全新的业态，已经成为影响视频营销升级变化的最大自变量之一，而视频网站的内容、技术、品牌、营销也随之得到全新演绎。

相比单屏用户，多屏用户忠诚度更高，登录频次远高于单屏用户。多屏对用户行为的改变直接影响了未来营销活动的落脚点。多屏技术建立与“黄金消费者”更直接、更快速的信息沟通、信息交换，方便核心消费者全方位信息的触达。

社交电商营销 是指将关注、分享、沟通、讨论、互动等社交化的元素应用于电子商务交易过程。从消费者角度来看，社交化电子商务，既体现在消费者购买前的店铺选择、商品比较，又体现在论坛等与电子商务企业间的交流与互动。从品牌广告主的角度来看，社交电商通过社交化工具的应用及与社交化媒体、网络的合作，完成企业销售、推广和商品销售。社交化电商的两个核心特征：帮助消费者导购，用户之间或用户与企业之间互动与分享。

3. 新营销观的“线性”体现

海量化 网络信息海量化，顾名思义就是信息无限地增加，趋近饱和状态。它有三个方面的含义：一是信息量增大。人人都可以在网上发布信息，信息资源丰富，信息的绝对数量无序地增加。二是感知的信息量增大。网络（超链接）把以前的一个个“信息孤岛”连起来，扩大了信息量。三是信息超过系统和个人的承载能力，出现过多的没有消化和不可能消化的信息，“信息超载”数量增加。

多屏化 多屏的传播，如电视屏、互联网屏、公交车屏、商场的屏、出租车的屏、校园的屏、体育场馆大屏、体彩门店门头电子显示屏……多屏化从媒体组合角度来说构成了一个立体化的组合和无缝化的传播。多屏化就是为了满足受众需求，尽可能多地吸引受众的注意力。在不同空间投放的客户是有选择的，没有选择的投放就是一种浪费。

碎片化 原意为将完整的东西“剖”成诸多零块，也可将“碎片化”理解为一种“多元化”。资讯和营销的碎片化现象是互联网的普遍现象。网民对海量信息精准、深度的需求会越来越高，精细化、垂直化信息将是未来发展的趋势。信息传播通过碎片化“嵌入”、传达受众，是营销宣传的重要途径。

电商化 电子商务是指以互联网为工具，使买卖双方不谋面而进行的各种商业、贸易活动。网上购物就是典型的电子商务。电子商务降低了成本，突破了时空的限制，减少了中间环节，使得生产者和消费者的直接交易成为可能，在一定程度上改变了整个社会经济运行的方式。

海量化、多屏化、碎片化、电商化推动整个中国的泛媒体化。媒体营销为的是做更广泛的覆盖，覆盖更多的人，以及覆盖这些人的时间和空间。媒体的营业额来自能覆盖的目标受众。

二、新营销思维的社会觉悟

新传媒、新营销的快速发展，带来了全新的营销思维。我们从探析互联网思维中可以得到更多的启发。

用户思维 用户思维是指在价值链各个环节中都要“以用户为中心”。厂商必须建立起“以用户为中心”的企业文化，只有深度理解、服务用户才能生存。没有认同，就没有合同。产品能让用户成为需求品才能成功，如海尔的定制化冰箱。让用户参与品牌传播，便是“粉丝经济”。品牌需要的是“粉丝”，而不仅仅是用户。因为用户远没有“粉丝”那么忠诚，所以，用户思维涵盖了最经典的品牌营销的“Who－What－How”模型：Who，目标消费者——“草根”用户；What，消费者需求——兜售参与感；How，怎样实现——用户体验至上。

简约思维 互联网时代，信息多杂快达，用户的耐心越来越不足，必须在短时间内吸引其注意。1997 年苹果公司接近破产，乔布斯回归后砍掉了 70％产品线，重点开发 4 款产品，使得苹果公司起死回生。相比之下，即开票品种越来越多，吸引众多眼球。越简单的东西越容易传播，也越难做好。在产品设计方面，要做减法，外观要简洁，内在的操作流程要简化。

极致思维 极致思维就是把产品、服务和用户体验做到极致，超越用户预期。极致就是要用极限思维打造极致的产品，打造让用户尖叫的产品。方法有三条：第一，需求要抓得准（痛点、痒点或兴奋点）；第二，自己要逼得狠（做到自己能力的极限）；第三，管理要盯得紧（得产品经理得天下）。

迭代思维 “敏捷开发”是互联网产品开发的典型方法论，是一种以人为核心、迭代、循序渐进的开发方法。允许有所不足，不断试错，在持续迭代中完善产品。追求“微”“快”。从细微的用户需求入手，贴近用户心理，在用户参与和反馈中逐步改进。只有快速地对消费者需求做出反应，产品才更容易贴近消费者。

流量思维 流量意味着体量，体量意味着分量。流量即金钱，流量即入口。免费是为了更好地收费。互联网产品大多用免费策略极力争取用户、锁定用户。任何产品，只要用户活跃数量达到一定程度，就会产生质变，从而带来商机、价值。

社会化思维 社会化商业的核心是“网”。企业面对的客户以“网”的形式存在，这将改变企业生产、销售、营销等整个形态。口碑营销不是自说自话，一定是站在用户的角度，以用户的方式与用户沟通。

大数据思维 大数据思维是指对大数据的认识，对企业资产、竞争要素的理解。数据的积累，有助于企业预测和决策。一切可被数据化。一个大型企业必须构建自己的大数据平台。比如，门店对竞猜购彩者信息收集，可以联网、集群。在互联网和大数据时代，企业的营销策略应该针对个性化用户做精准营销。

平台思维 互联网的平台思维就是开放、共享、共赢的思维。平台模式最有可能成就产业巨头。全球最大的 100 家企业里，约有 60 家企业的主要收入来自平台商业模式，包括苹果、谷歌等。平台模式的精髓，在于打造一个多主体共赢互利的生态圈，让企业成为员工的平台。互联网巨头的组织变革都是围绕如何打造内部“平台型组织”。海尔将 8 万多人分为 2000 个自主经营体，让员工成为真正的“创业者”，让每个人成为自己的“CEO”。内部平台化就是要变成自组织而不是他组织。

跨界思维 互联网和新科技快速发展，很多产业的边界变得模糊，互联网企业的触角已无孔不入，如零售、金融、电信、娱乐、交通、媒体等。互联网企业能够参与乃至赢得跨界竞争，靠的是用户，用互联网思维做颠覆式创新，努力打造互联网入口，增强客户“黏性”。一个真正顶尖的人一定是一个跨界的人，能够同时在科技和人文的交汇点上找到自己的坐标。一个真正厉害的企业，一定是手握用户和数据资源、敢于跨界创新的组织。

可持续思维 研发、运用都要基于用户、基于战略眼光，才会有可持续发展。今天看一个产业有无潜力，就看它离互联网有多远、运用了多少互联网。能够真正用互联网思维重构的企业才可能真正赢得未来。

三、新营销之于体彩营销的“自觉”

传统的营销理论在新营销的冲击下，需要继承和创新。传统的营销思维模式，可能重促销轻营销、重老客户服务轻新客户发展，营销宣传习惯于拉条幅、走字幕、登广告，到了迅猛发展的移动互联网时代，需要转变观念和重新定位，需要认知新营销、研究新营销、用好新营销。

1. 体彩营销宣传的定位

用户定位 据有关研究，全国约 70％人群不购彩，约 30％人不知彩，体彩销售可以此考量营销宣传的定位。2013 年可以说是移动互联网营销的元年，很多企业不得不开始涉足手机互联网领域，一方面互联网巨头开始入场圈地，另一方面技术驱动型公司也在不断探索移动互联网新的商业模式。手机类的移动工具开始成为人们生活的必需品。互联网用户思维“以用户为中心”，就是要锁定大量的手机用户。通过手机建立 QQ 群、微信群，迅速扩大购彩群体，这是体彩新营销的发展趋势。锁定才能搞定。

目标定位 在产品营销宣传层面，致力提升体彩品牌玩法的知晓度和参与度；在公益文化宣传层面，致力提升体彩品牌形象的知名度和美誉度。营销宣传为的是宣传公益体彩和扩大购彩群体，而运用新营销为的是更好、更多地发展新的客户。

2. 体彩新营销思维的构建

市场思维 有位知名人士说过：主宰非洲草原的不是狮子，而是土壤里的微生物。体彩市场销售也是这样，着力点、发力点在门店、在购彩者。

网络思维 重视建网、联网，把移动互联网的运用放在更加突出的位置。寻求与门户网站、当地主流网站的密切联合，注重户外和多屏的使用，构建宣传网络。

合作思维 跨界可以催生新的业态。把握好五个结合：体彩产品宣传与公益活动的结合，体彩宣传与体彩市场发展的结合，体彩宣传与群众体育活动、体育产业发展的结合（活动、赛事、平台），体彩销售机构与体育协会、社团组织的结合，体彩营销与社会行业的联合营销。

品牌思维 创新是宣传工作的动力。创新就要打造精品。没有品牌就没有招牌。品牌就是“航母”。近几年，我们看到总局体彩中心注重对建设宣传品牌的重视和引导，在全国开展“新长城助学资金”“公益体彩快乐操场”等品牌推广。

以人为本思维 体彩新营销要努力实现专业的事有专人做、有专门人才做。建立和培养体彩宣传队伍、建立系统内员工（专管员、宣传员、销售员）发展平台至为重要。可以推行全员营销、全员宣传。营销从重视省一级转为重视市县一级，注重调动市县体育行政部门宣传体彩的积极性。

生存思维 受网络销售冲击，实体店的生存成为门店销售的难题。在重视门店形象提升和系统升级时，更要重视质量提升和生存能力的提升，比如适度增加体彩销售之外的客户服务（代交水电费、话费等）。

效益思维 营销宣传追求公益形象的提升和销量的增长。效益最大化是营销的落脚点。新营销讲究宣传营销的投入与产出、效果评估、活动收效。

3. 体彩营销观念的转变

从强调营销重要性角度讲，没有做营销宣传就没有做体彩工作；没有认知新营销理念就没有先进营销观念转变；没有创新就没有营销升级。

运用用户思维在开展营销活动时，或将比赛办到网上，努力与市民“零距离”，变“为彩”为“为民”，变体彩游戏宣传平台为群众参与的健身舞台，变网民为购彩者。

有参与舞台才会有发展平台。有参与度才会有知名度。

（本文刊发于2014年《中国体育报》）

互联网时代体彩宣传的“新落点”

近年来，移动互联网的发展日新月异。大数据、云计算、物联网融入各行各业。新营销的快速发展对体彩的营销宣传有着重要影响，值得研究和借鉴。

一、体彩营销观念的转变

根据新任务、新要求、新时势，转变体彩营销宣传理念：从依靠游戏带动销售向依靠品牌拉动市场转变，从依赖游戏产品宣传向依靠宣传品牌促进发展转变，从单一产品宣传向系列公益宣传转变。重视品牌引领和推动，努力实现宣传工作新突破。

二、做好体彩宣传的“四个落点”

第一落点：用好资源，扩大合作平台。

用好现有资源，盘活潜在资源，开发合作资源，为体彩宣传工作创建更好的发展环境。体育资源取之不尽，社会资源用之不竭。体育彩票是市场经济，以往，我们忽略了对这些资源的开发利用。有重点、有选择地用好体育资源，加大跨界合作，联合营销，资源置换，共同开发新的客户群，会制造更多的商机。

运用网络思维、平台思维，重视与网络媒体合作，开展赛事宣传，大力提升体彩影响力。比如办好群众喜闻乐见的“7 星彩杯”万人“惯蛋”大赛（江淮地区盛行“掼蛋”“斗地主”），以此巩固老购彩者、发展新购彩者。

第二落点：创建品牌，拓宽营销平台。

创建品牌是体彩宣传的中心任务。通过策划系列产品营销活动，将部分营销宣传资源转移到微信、微博上来，打造成体彩核心客户群的营销平台，进一步提升体彩微信平台的活跃度和关注度。

今年，适逢中国体育彩票发行销售 20 周年。我省市县体彩销售机构将开展“体彩公益行”系列活动（公益巡礼），积极与媒体、公益组织合作，开展深层次的公益活动，拓宽体彩集公益、文化宣传为一体的活动平台，比如开展体彩公益摄影展，引导社会关注公益事业。

第三落点：重视新媒体，扩展多媒体平台。

2014 年，“世界杯”是互联网媒体宣传重点。据悉，一些门户网站的体育栏目将全程、全力报道世界杯。这是体彩实现差异化战略、发展竞猜游戏的大好时机。

我们将应时而进，合理布局、把握商机，适应网络化、信息化发展：一是对移动互联时代的媒体进行全新、深入的研究，用好自媒体及全新的营销模式；二是调整体彩宣传资源向互联网新媒体倾斜；三是寻找体彩与新媒体合作的契合点；四是充分用好多种合作媒体，开展“媒体沙龙”“头脑风暴”等，用足媒体智力支持。改变传统的营销思维，尝试借助多媒体平台，扩展体彩宣传。借助数据营销、内容营销，构建新的宣传格局。

第四落点：省市联动，打造多屏平台。

多屏时代，传统媒体面临新媒体带来的诸多挑战。微信、微博、微视、手机的信息量早已超过常规宣传在报纸、电视字幕上的广告量。关注、研究这些变化，逐步运用新媒体开展营销，注重提高知晓率、认同率、转化率。

2014 年，我们致力打造“多屏”平台，努力用好电视屏、户外屏、电脑屏和手机屏，构成一个整合传播的最佳组合。

在实施过程中，我们更加重视省市县营销宣传的联动，要求市县体彩销售机构营销做到有预算、有方案、有专人负责，特别是在阶段性促销和重要公益活动中，要联合相关合作媒体开展宣传。省市县互动各有分工。省体彩中心督导市分中心构建市级“多屏平台”，采取以奖代补的方式，鼓励市县体育行政部门、体彩分中心与本地区主要门户网站、热线论坛等媒体合作，扩大宣传面，运用上下结合、省市联动的协调机制，不断提高宣传效益。

（本文刊发于 2014 年《中国体育报》）

体彩宣传品牌建设的思考

近几年，中国体育彩票呈现良好的发展势头。体彩健康、高速发展对体彩宣传工作提出更高的要求。体彩市场发展已从依靠玩法带动销售转为依靠品牌拉动市场，从依赖产品宣传转向依靠宣传品牌促进发展。

一、创建体彩宣传品牌的意义

体现品牌价值的需要 品牌是企业文化和企业产品的核心价值所在，是社会形象的化身，是企业的无形资产和灵魂所在。品牌能给企业带来溢价、口碑，是一种信誉的保证和象征。在市场经济快速发展的今天，购彩者对中国体彩管理水平、丰富的产品、完善的营销体系、周到的服务、积极的体彩文化等因素充分信任的集合体，就是体彩的品牌。它的载体是用以和其他竞争者的游戏相区分的商标、名称、术语、象征或者设计及其组合，增值的源泉来自购彩者心智中形成的关于其载体的印象和认知度。体彩宣传，有市场就要有招牌，有招牌就要有品牌。

体彩快速发展的需要 在体彩事业快速发展的新时期，全媒体、自媒体、多媒体极速发展，过去的许多宣传平台、宣传渠道、宣传机制越来越难以适应现有需求。传统的宣传需要继承，更需创新发展。我们在注重宣传体彩游戏品牌时，逐步认识到宣传工作需要扩大宣传平台来建设体彩宣传品牌。这种渴求，与日俱增。

市场竞争的需要 彩票销售的市场竞争具体体现在彩票营销宣传上的竞争。彩票宣传面向购彩者，服务社会，以公益宣传为核心，以市场为导向，以门店和公共媒体为阵地，在时空、群体、品牌游戏营销上对宣传资源的开发和宣传渠道的运用已经形成竞争态势。

在彩票市场竞争愈来愈强的当今，市场竞争已不仅仅是游戏、质量、技术等方面的竞争，而是发展成为多元化、现代化、信息化的整体竞争，归根到底是企业形象的竞争。从一般意义上讲，产品竞争经历销量竞争、质量竞争、价格竞争、服务竞争、品牌竞争。

社会对体彩发展的需要 随着体彩公益事业发展的推进，社会经济发展对全民健身需求日益增长，大众健康第一的意识在增强，群众对体彩公益服务的关注度、依赖度、美誉度在不断提高。加强体彩公益品牌的宣传，可以让公众更多地了解体彩公益金的使用方向，更好地树立公益体彩的良好形象。

适应体彩宣传规律的需要 宣传工作重在传播与触达。从内容和形式上看：“宣”强调的是内容，就是向外界说什么；“传”强调的是形式，就是怎么向外界说。从主体和客体上看：“宣”是一个主动的行为，要主动地向外界表达、推广，而“传”则是一个相对被动的行为。宣传品牌的一个主要工作就是要解决好传播问题。

目前，从省市县宣传工作看，还存在一些不足：重两头，轻中间（重省级和门店、轻市县两级）；重显性的门店渠道建设，轻隐性的宣传渠道建设；重游戏宣传，轻公益宣传；重产品宣传，轻品牌宣传。最重要的问题是缺少社会公认的、有影响力的宣传品牌。

创建中国体育彩票宣传品牌，发挥品牌宣传的竞争力、可持续力、外向力作用，直接关系到体彩宣传的新发展、新格局。

二、体彩宣传品牌的特点

我省创建体彩宣传品牌的历程和发展趋势，可以粗略地描述体彩宣传品牌的特点，为认知、建设宣传品牌提供参考。

体彩宣传品牌的特点：

国家性 中国体育彩票是国家彩票、政府彩票、公益彩票。“国家性”具有统领性和权威性，有利于联合社会媒体资源宣传体彩品牌。

公益性 公益性是彩票的根本属性。体彩的发行理念是“公益体彩，乐善人生”。体彩从发行销售以来，注重支持和发展公益事业，如创建“体彩希望小学”，帮助贫困学子等。省市县开展了大量的公益体彩爱心活动，彰显体彩关爱民生、情系大众的公益情怀。

公信性　公信意指公共信用或公众信用。公信体现在体彩发行销售的各个环节。体彩通过媒体传播，自觉接受大众和媒体的监督，不断提高体彩公信力。

辐射性　做大做强体彩宣传品牌，如同打造体彩宣传的“航空母舰”，容易与群众体育比赛的品牌活动组建营销宣传的“联合舰队”，在彩票宣传中发挥辐射效能，有利于宣传工作的资源整合和效益倍增。

娱乐性　体育彩票就其本身而言是一种娱乐的概率游戏。体彩宣传品牌集公益性、公信性、娱乐性为一体，广泛参与是娱乐多样性的呈现。

三、品牌建立的途径

品牌建设需要建立三个系统：

建立品牌形象识别系统　它是体彩规模化经营引发的对内对外管理行为的体现，由理念识别、行为识别和视觉识别构成。它以体彩经营理念为核心，对内部管理、对外活动、广告宣传等进行组织化、系统化、统一化的综合设计，可使体彩内部管理走向科学化和条理化。

建立品牌视觉识别系统　它是体彩最具传播力和感染力的层面。基本要素有：体彩名称、标志（商标）、象征图案、宣传语、产品包装、广告媒体、陈列展示等。视觉识别系统对体彩品牌来说，聚集形象标识、产品与服务个性、消费者的体验、团队的士气。完备的视觉识别能让体彩员工具有认同感，增强体彩向心力、凝聚力。

建立品牌宣传管理系统　依靠资源平台、广告传媒、网站建设、活动推介等方式把体彩品牌刻入消费者的心中。品牌营销的策略包括四个方面：品牌个性、品牌传播、品牌销售和品牌管理。从这一角度出发，体彩品牌宣传应做到诚信至上、定位准确、个性鲜明、巧妙传播。

彩票卖好，宣传先导。在体彩“品牌时代”，宣传品牌以公益为核心，体彩宣传需要走专业化、市场化、现代化之路，大力加强体彩宣传品牌的建设，必将推动体彩事业又好又快地发展。

（本文刊发于2014年《中国体育报》）

体彩品牌建设的探究

品牌是企业的象征、产品的代表。品牌既是战略的导航，也是文化的灯塔。品牌是企业的梦想、事业的感召。创建体彩品牌不仅有利于公众识别产品、保护购彩者和行业的利益，而且有利于体彩营销宣传，更是树立良好形象、推动事业发展的坚强保障。

一、认知体彩品牌的创建

体彩存在和发展的理由是体彩战略的核心问题。对品牌重要性及创建品牌的认知，体彩员工并不是人人清楚，甚至有的人还处在认识的初级阶段。

品牌因需而生　这种需要既是体彩生存和发展的需要，也是购彩者兴趣和体验的需要。消费者的购买行为不仅取决于购买力或心理、生活需要，还取决于对体彩品牌的良好印象。品牌的特质、内涵和口碑决定了它在消费者心中的地位，决定了它能否进入消费者头脑中的待选品清单或者成为首选。品牌的认知度、认同度和美誉度是影响顾客需求的重要参数。

品牌战略是特色发展战略　品牌之所以愈发重要，与产品同质化现象越来越普遍、市场竞争日趋激烈密切相关。产品经营和品牌经营是两个不同的概念。从产品制造到品牌创造的过程，是一个市场升级的重要过程。有战略眼光的企业都会实施品牌战略，并且设法做大品牌。总局体彩中心在“十三五”期间着手建设体彩品牌，成立品牌和营销协调小组，统筹品牌和营销宣传，打造体彩“中央厨房”，推动品牌升级，顺应了体彩市场的发展规律。

品牌使企业明晰发展目标、发展路径、树立形象，是对企业未来发展的一种期望和描绘。有了清晰的描绘才会有清楚的认识。一个美好而响亮的品牌能够激发员工发自内心的荣誉感。

从产品驱动到品牌驱动是一个迭代升级。体彩创建自己的技术品牌、宣传品牌、游戏品牌、文化品牌，是体彩实力、核心竞争力之呈现。品牌有了口碑才能广为传播，有了内涵才能源远流长。这些年来，体彩产品游戏有了一定的知名度，还需要在体彩公益、公信方面提升美誉度，以此发挥公益体彩的优势，展现体彩公益品牌的独特魅力。

创建品牌如同打造“航母” 商战中没有品牌就没有话语权。名气不大的产品如同小木船、小炮艇，经不起大风大浪，企业也长不大、走不远。创建品牌是一个战略工程、系统工程。实施品牌战略是做大做强体彩、推动体彩事业健康、高质量发展的迫切需要。

创建品牌要把握其特征 对品牌的识别主要看其本质特征：品牌的价值、品牌的个性、品牌的长期目标和最终目标、品牌的一贯性、品牌的基本实情、品牌的辨识符号，这六个指向构成了品牌的内涵。由此可见，创建体彩品牌，需要对体彩品牌的本质特性、共性、个性有全面、深刻的认知，从而谋划好、规划好品牌的设计、传播、管理。

二、创建体彩品牌要区别对待

内外有别 多年来，总局体彩中心致力体彩品牌建设。购彩者和非购彩者对于中国体育彩票的机构品牌有很高的认知，对大乐透和竞彩品牌有一定的识别率，对体彩所做的公益也有一定的了解，但对体彩公益品牌的识别尚未形成一致性的认识。公益、公信品牌要对外创出名牌，再创成品牌。品牌建设的内外传播方法和途径要区别对待。在方法、举措的学习研究上，可借鉴中外品牌创建的有效做法，参考同行的经验，学习我国海尔、华为等“国字号”品牌创建的方法，走捷径、走特色之路。

上下有别 从品牌设计、创建、传播到发挥作用，要界定好总局体彩中心、省市县体育行政部门和体彩销售机构各自的任务、职责，要让各层级知晓品牌建设、传播和管理什么时间做什么、怎么做好。

先后有别 品牌创建是一个长期而复杂的过程。初、中、后期各阶段的主要任务、安排、管理各有不同，就一个阶段来看，也要分多步实施。

三、创建体彩品牌的工作机制

品牌建设是一个复杂而庞大的工程。如何让各省市体彩销售机构和体育行政部门将品牌建设作为重点工程、重点工作？最好能做到“四个纳入”：纳入年度考核的重点内容、纳入年度工作预算、纳入年度主要工作、纳入日常督察的重点工作。

笔者认为，最重要的是建立一个行之有效的工作机制（六制）：

一是责任制。一把手亲自布置、督办，分管负责人主办，职能部门牵头经办。责任到人，各司其职。二是联络制。各省市体彩中心有专、兼职人员担任联络员，负责与总局体彩中心对接。三是督导制。定期到各省市巡讲、指导。四是巡察制。组织专家团队定期或不定期分组巡察，互查、抽查、自查相结合。五是通报制。相关部门根据需要，及时通报工作进展，推广经验，总结存在的问题，及时改进。六是考核制。列入年度工作的考核内容。制定考核办法，年终总结、考评。

四、注重解决品牌建设的几个问题

全景规划 顶层设计要对品牌创建初期、中期和后期有全景式描绘，体现出很强的前瞻性、指导性、可操作性。

全面知晓 认识到位才会落实到位，共识到位才能执行到位。对品牌的认知，不同的人从不同角度、不同高度会有不同的解读。创建品牌的首要工作是解决好认知和共识问题。有必要成立宣讲团，有任务、有计划地到各地宣讲、培训，把什么是体彩品牌、为什么要创建、如何建设好品牌（“三 W”），让各个层级的人知晓，这是品牌建设的关键性工作。

全员参与 品牌建设如同建金字塔，需要从根基建起，需要全国体彩各级从业人员共同参与、合力打造。体彩现在有十万多个门店、数十万名业主、销售员，体彩和体育行政部门各层级工作人员都是品牌建设的生力军，设法调动一线人员积极参与，会产生巨大的执行力。

全程督导 执行力中总会有“打折”现象发生，决策执行出现的级级衰减司空见惯。品牌建设要加大全程督导，发现问题及时通报、整改，做到有序、有力地推进。

品牌建设是体彩发展的战略性部署，是一项长期性、持续性的工作。我们满怀信心地期待中国体彩全员一条心，劲往一处使，建设好体彩品牌。

（本文刊发于2022年第4期《中国体彩》）

促销要从“三顾”转为“三统”

在体彩销售中，促销活动已成为夯实基础、扩大受众的重要手段。经过多年的市场磨炼，体彩游戏促销活动早有定型，驾驭促销已轻车熟路，但还存在一些不足：促销活动单纯追求销量提高、表现形式趋同、活动效果评估不够等。本文试析“三顾”转为“三统”，努力增强促销活动的针对性和实效性。

一、促销活动的短板在于“三顾”

所谓“三顾”，即顾此失彼、顾首失尾、顾标失本。

有的销售机构在制订和实施游戏促销活动方案时，往往没有妥善处理好眼前与长远、整体与局部、重点与一般、规模与效益等关系，造成在促销活动中顾此失彼。

在促销活动中，更多的是一段时间内只聚焦于重点工作、重点玩法，常常忽视其他，比如在高频促销时会忽视大乐透、即开票的相关工作。或者，有时过于夸大促销作用，把促销看成是提升销量的唯一手段，重老购彩者巩固轻新购彩者发展、重促销轻营销，重在大盘游戏上下功夫，缺乏对游戏结构平衡的考量。

顾首失尾普遍存在于促销活动中。有时，促销活动缺乏长远的品牌规划和整体计划。前期准备工作都能做得很充分，但从中期开始，督察、整改便会慢慢变松、变淡，后期往往缺乏效益评估，更缺乏关于本次促销活动效果延伸的计划和相关工作，从而出现促销结束后销量很快回落的情况。

促销活动的目的表现为直接提升销量和间接发展新购彩者，但顾标失本的做法往往让促销活动的后续效果大打折扣。在追求销量最大化的目标驱动下，促销活动往往偏重短期内销量的提升，导致促销活动在方案制定、宣传、培训等方面，重视迎合现有购彩者的需求，忽视发展潜在购彩者；重视挖掘现有渠道的潜力，忽视社会渠道和新媒体渠道的开发；重视利用常规宣传媒体，忽视网络资源等自媒体的应用；重视争夺眼前的市场份额，忽视彩票可持续发展的客观规律。

除了“三顾”外，促销活动有三个重要环节的缺失和不足也非常值得深省。

有些销售机构对促销活动缺乏全程研究，导致促销活动的性价比降低。事实上，对促销活动是否达到预期目标，门店渠道、社会渠道和宣传渠道资源是否都已充分利用，宣传、培训工作是否有成效，促销活动是否存在需要改进方法和推广经验等的研究还远远不够。

除了缺乏分析、研究外，促销活动还缺乏综合协调。在活动方案制定和执行过程中，往往业务部门注重完成自身职能工作，对计划的整体运行缺乏统一协调，各部门的专业优势难以在活动执行中有机配合。

最关键的是缺乏绩效考核。绩效考核是确保促销活动成效的关键要素。有的促销活动虽有考核方案但执行不到位。

二、做好促销活动要注重“三统”

与促销活动存在的“三顾”短板相对应，做好促销活动需要做好“三统”，即统一策划、统筹兼顾和统一管理。

促销活动要做到统一策划是显而易见的。做好促销策划需要站在大营销、新营销的角度，全局谋划、整体安排、统一布置，才能有效地促进销售。促销活动作为全年计划中的重点工作，不仅需要建立方法体系，而且需要形成制度体系；全员参与需要统一认识，明确阶段性的活动主题和要求。

通常，体彩促销的目标要根据市场营销总目标来确定，具体的促销目标主要有：面向全民，吸引潜在购彩者尝试购买彩票；激发游戏活力，提升体彩的品牌形象；提高营销管理水平；提升服务质量，借机强固门店基础。

常见的促销策略主要有造势、借势和顺势策略。造势策略利用促销前的市场预热可以制造亮点，引发公众关注，强调利用“事件”“故事”来开展独特的促销活动。借势策略就是要紧扣社会生活的热点与焦点，借用现有的热点来扩大影响。比如，借助“世界杯”和“欧洲杯”等热点赛事，开展竞彩促销活动等。顺势策略则是在促销活动策划过程中，要顺应公众的情感、心理和生活方式等，充分利用微信、微视平台开展促销活动。“向来枉费推移力，此日中流自在行”，朱熹的诗说的便是这个道理。

方案确定后，就要抓好工作落实。对促销活动的目标任务进行细化分解，责任到人。要求销售员必须主动推销、营销，改变销售员“金口难开”的现象；调动专管员加强日常督查和通报，注重对活动过程的管控；定期分析市场和销售情况，关注活动进展；召开培训会、座谈会和研讨会等交流经验，阶段推进、整体提高；完善考核体系、优化考核指标；定期评价、公布结果、重抓整改，有效地发挥考核的激励和导向作用。

促销活动不仅需要业务部门组织，也需要宣传、财务等部门的积极配合。一系列环节支持和“一盘棋”工作协调至为重要，也就是说要优化部门协调。

至于统筹兼顾，主要体现在：促销活动不仅是改善渠道质量的重要机会，也是打造品牌的重要途径，二者要统筹安排，相互促进。

促销时的统筹兼顾，横向上要兼顾其他重点工作的同步推进，纵向上要推动本次活动各个环节的提效，比如，门店内外形象、销售员技能、服务水平的提升。时间节点上要注重前、中、后的统一运作；协作配合上要统筹各相关部门及省市县体彩销售机构的联动。

强化培训，建立门店考核评比制度和奖罚制度，增强服务意识、提高服务质量。要注重加强体彩的正能量宣传，引导购彩者健康购彩，端正人们对体彩博彩性的认识。促销活动体现游戏的博彩性和娱乐性，更要展现体彩的公益性和公信力，让购彩者正确对待中奖与奉献、投机与娱乐。

“三统”的最后一“统”是要统一管理，主要分为对市场研究、主次营销和省市县营销宣传资源的统一管理。

促销活动有时会重布置、轻查改。这就需要省体彩中心牵头，引导市县加强市场调研和分析，做到知己知彼。需要密切关注全国彩票市场的销售动态，形成游戏研究分析制度，重视购彩者心理研究。建立各类游戏市场信息、购彩者信息和渠道信息收集系统，畅通信息共享渠道，真正把握各类游戏特别是重点游戏的销量增长点、购彩者群体特征、销售结构、渠道特点和投注习惯。

对某一主游戏促销时，可以“捆绑”其他游戏促销，弱化和消除销量的此消彼长。合理把握促销活动节奏，突出重点游戏营销贯穿全年的活动主线，有效发挥重点游戏在促销活动中对培育品牌和夯实基础的引领作用，实现不同游戏与不同购彩者、不同渠道的有机匹配。

省市县体育系统全民健身、赛事活动、场馆设施等资源丰富，促销活动需要有机嵌入，寻找结合点。促销不仅要在门店“打转转”，而且要在门店之外的体育活动上“荡秋千”，努力发展更多的体彩人口。

体彩销售是体育行政部门的“一把手工程”，容易形成统一管理、统一协作。体育行政部门和体彩销售机构要充分发挥好自身职能，在宣传促销、营销策划等方面整合资源、加强协作，充分形成促销合力。通过创新和跨界合作，用好系统内外资源，提升促销内力和张力。

促销活动看似简单，实则包罗万象，蕴含方方面面的综合思考和“牵一发而动全身”的整体设计。总体来说，促销活动作为品牌推广的子工程、全年营销宣传的重要节点，要坚持“三重一大”的原则，即重营销策划、重全程协调、重基础巩固，不以增加销量为唯一目的，注重扩大购彩者群体，实现促销活动做大游戏市场、做强游戏品牌、做优门店服务和做实重点工作的目标。

如此，方能做到“不畏浮云遮望眼，自缘身在最高层。”

（本文刊发于国家体育总局2014年《体育工作研究》）

办一届为民服务的“彩民运动会”

《中国体育报》编者的话：给彩民开运动会，这是安徽体彩的首创，也是体彩公益宣传的一次创新。彩民运动会的举办，宣传了体彩公益、体彩游戏，扩大了体彩的社会影响力，还能吸引许多百姓加入支持公益体彩的队伍。

2013 年“第三届安徽体彩彩民运动会”开幕式近日精彩落幕。安徽体彩精心设项、精致策划、精心组织，使该项赛事获得社会各界的广泛好评，成为宣传体彩游戏、体彩公益、体彩文化的重要平台。

近日，《人民日报》发表了一篇名为“让赛事离百姓再近些”的评论文章，对安徽体彩彩民运动会给予很高的评价。文章称：“名不见经传的安徽体彩彩民运动会能够 4 年办一届，而且一届办得比一届好，靠的是赛事没有门槛、群众踊跃参与，靠的是设项贴近生活、参与轻松随意。”

“第三届安徽体育彩票彩民运动会”从 2013 年 5 月开始至 11 月结束，全程较好地贯彻了“为民、务实”的理念。与前两届相比，本届彩民运动会秉承“公益、健康、快乐”之传统，突出“为民”的新主题，展现了“求精”的新内涵。办赛力求平民化、公益化、健康化，得到了社会高度认同和支持。

举办本届运动会，我们确立了“坚持为民、打造精品、树立品牌、扩大影响”的办赛思路，整个过程突出一个“精”字。

一、设项精心　产品冠名赛事

2005 年，安徽省推出首届体彩彩民运动会，很快受到社会广泛认同，得到全国许多省市体彩中心的响应和支持。为彩民开运动会，这在全国当时是个创举：比赛报名不设门槛，接了全民健身的“地气”；比赛项目简单有趣，提高了群众的参与度。既将全民健身赛事与体彩公益活动有机融合，又打造了体彩宣传品牌。

为了把运动会办得让群众满意，让这项传统赛事焕发生机，第三届体彩彩民运动会以打造精品赛事为重，在项目选择和赛事策划上着实下了一番功夫。

在安徽，篮球有着广泛的群众基础，我们首次把篮球“三分王”万人 PK 赛引为运动会的重点品牌赛事。近两年，风行江淮地区的扑克游戏——“掼蛋”因为讲究配合、变化无穷而受到群众喜爱，于是这项“草根”运动冠名“11 选 5 杯”也列为重点比赛项目。安徽省潜山县境内的 5A 景区天柱山景色优美，为加强体彩与旅游合作来推广产品，运动会列入“天柱山·顶呱刮杯”体彩彩民登山比赛。这还不够，为了提升运动会的知名度，开幕式特别使用了彩民最为钟爱的主打品牌“超级大乐透”来冠名，把运动会做成了吸引彩民、市民、居民关注的“磁石”。四个项目一经发布，得知消息的市民、彩民积极报名，跃跃欲试。

二、策划精致　打造宣传平台

怎样传承？如何发展？怎样融合？如何突破？这是本届彩民运动会组织者在策划时思考的重点问题。

我们宣传团队在认真调研和论证后确定：传承体彩公益精神，创新办赛方式，融合产品宣传、公益宣传和全民健身宣传，突出“为民办赛”的主题。

本届彩民运动会常有吸引眼球的爆点：5 月，省体彩中心与省篮球协会合作，创办篮球“三分王”万人大 PK 比赛，短短三个月，参与人数就达数万人。10 月，“天柱山·顶呱刮杯”体彩彩民登山大赛，由于有腾讯等门户网站参与，比赛消息以极快的速度在网民中传播，一周内就有近万人报名。11 月，“11 选 5 杯”体彩彩民“掼蛋”大赛，与腾讯微博等合作，首次将比赛办到了网上，20 多万人次点击，更是把运动会的参与度推到了最高点。

此外，“超级大乐透杯”第三届彩民运动会开幕式暨全民健身展演，设置了情趣多样的项目：两人三足折返跑、“竞彩”趣味足球赛、“7 星彩”趣味羽毛球赛、“排列3”神投手篮球赛、“顶呱刮”乒乓球持球折返跑、体彩知识有奖问答等，由于难度小、老少皆宜，吸引了前来游园的数千人积极参与。而由市县选送的全民健身项目展演，大大增强了运动会的参与性、趣味性和娱乐性。

三、组织精细　节俭办好赛事

一项运动会办得好不好，可以从四个方面来描述：成功不成功看安全，圆满不圆满看细节，高兴不高兴看内容，满意不满意看服务。

本届彩民运动会是一个系列活动的组合。举办这样一届规模宏大、项目繁多、人数众多的赛事，唯有精心组织，才能取得成功。各项活动的开办，省体彩中心事先报告省体育局领导和有关部门，得到了大力支持，省体育局主要领导参加了开幕式。各项比赛前做了精心准备、训练或演练。运用建立的省市县联动机制，统筹市县同步协办。

7月26日到11月2日，多市组织开展了彩民运动会开幕式和全民健身系列展演活动。在体育行政部门的大力支持下，彩民运动会不仅开展得有声有色，还吸引了无数群众的主动参与，极大地宣传了全民健身，也很好地宣传了体育彩票。

为了让彩民运动会办出声势、办出实效，我们在办赛的同时加大了宣传力度：一方面借省市县宣传联动平台联手宣传，形成合力；另一方面积极拓宽宣传渠道，与网络新媒体深度合作，扩大了宣传面。此外，还与社会力量进行跨界合作，提升了活动的影响力和传播效果。

在赛事组织方面，坚持隆重而节俭的原则，在人力物力财力的投入上没有超出往届；人员精干、程序精练、投入精简。如开幕式仅用8分钟，把大量时间用于健身展演。从报名办法确定到奖品设置，从后勤保障到安全保卫，从裁判规则制定到奖级设定，从秩序册编制到现场组织，各个细节、环节、链节的落实都做到严格而规范。

四、为民精彩　服务彩民群众

举办彩民运动会为的是倡导全民健身、回报社会、弘扬体彩公益文化、提升体彩公益形象。以往开展活动多是从体彩产品营销出发，冠名体彩杯。本次办赛以人民为中心，变“为彩”为“为民”，变体彩产品宣传平台为群众参与的健身舞台。

本届彩民运动会，我们自始至终把为民办赛放在突出位置：办赛的立足点是从市民、农民、居民的健身、娱乐需求出发，舍弃了竞技性赛事。在报名和参与方式上，很是“便民”——参与者可以就近到体彩门店报名，可以在网上报名，也可以到赛场直接报名参赛。比赛中，处处体现了“亲民”——“三分王”万人 PK 赛直接把赛场办到了社区和商业区，与市民“零距离”，群众可以在家门口参赛；新设立的扑克比赛，将比赛办到了网上，吸引了数万网友的关注和参与。

彩民运动会期间，围绕“为民服务”做了不少实事：七月酷暑，我们在全省体彩专营店推出了“体彩爱心驿站”“环卫工人体彩服务站”等，为环卫工送去了片片清凉；在今年高考期间，很多市县分中心还倡议体彩门店为送考家长提供歇脚服务……这些做法虽然都立足于小事，体现的却是体彩为民服务的理念，受到了媒体和社会各界的广泛称赞。精心为民，为民喝彩。

五、营销精品　扩大合作资源

八年间，三届彩民运动会，不仅传承了公益为民的精髓，而且创新举措不断，一届比一届精彩。

本届彩民运动会，我们着力用好现有资源、注重开发合作资源。登山比赛，承办单位潜山县天柱山管委会为登山比赛提供绿色通道，免车辆接送、免门票费，免安保费、免医务费等。“掼蛋”决赛，承办单位安徽省芜湖大浦乡村世界免门票、免费执裁、接待，中国电信安徽分公司赞助手机作为奖品等，合作愉快，取得了共赢。花小钱或不花钱来打造体彩宣传品牌，这是本届运动会体彩营销宣传的又一个成功。

在宣传本届运动会中，我们总是把想法或方案事先告诉媒体，征求意见，让他们出谋划策。在活动开展时，媒体朋友多是不请自到，到场后积极参与。

2013 年 10 月 27 日，央视五套体育频道免费在体育新闻节目中用了近 3 分钟对 10 月 26 日彩民运动会开幕式的实况进行了报道，称赞这些亲民的赛事已经成为彩民、群众的节日。人民日报、新华社、中国体育报等媒体，先后对本届运动会进行了报道。可以说，安徽体彩彩民运动会已经办成了一项经典的、群众喜欢的精品赛事。

10 月 29 日，《中国体育报》8 版头条发表了《安徽彩民运动会——彩民的节日》通讯稿。

10 月 28 日，新华社总社发表通稿《希望小学、彩民运动会——安徽体彩创新公益之路》，对安徽体彩近年公益活动给予高度赞扬。

10 月 28 日，《人民日报》发表了评论文章——《让赛事离百姓再近些》。文章称："名不见经传的安徽体彩彩民运动会能够 4 年办一届，而且一届办得比一届好，靠的是赛事没有门槛、群众踊跃参与，靠的是设项贴近生活、参与轻松随意……" 这也一语道出了安徽体彩彩民运动会得以成功的关键所在——为民办赛、为民服务。唯其如此，这样的群众性赛事才能办得长远，办成名牌。

把赛事办到百姓的心坎上，我们做了一些有益的尝试，弘扬了公益体彩"来之于民、用之于民"的发行宗旨。相信在这一理念的推动下，今后的彩民运动会会更亲民，更精彩，更受群众喜爱。

（本文刊发于 2013 年《中国体育报》）

让赛事离百姓再近些

文/《人民日报》钟文

编语：对于各级体育主管部门来说，办赛只围着竞技转、围着明星转、围着利益转的思路该改改了，是时候把群众的参赛权利还给群众了，是时候将群众喜闻乐见的赛事提供给群众了。

在刚刚过去的这个周末，很多体育迷会把关注的目光投向有中国选手出战的 WTA 年终总决赛以及有广州恒大队出战的亚冠联赛，但就在这个周末，很多参与到“第三届安徽体彩彩民运动会”中的普通群众，同样觉得过得相当充实。

相较于声名显赫的 WTA 总决赛和亚冠联赛，局限于一省、一地的体彩彩民运动会实在不值一提，但就是这个没有在全国范围内形成较大影响的安徽体彩彩民运动会已经举办至第三届，而这个体彩彩民运动会每两届之间的时间间隔是 4 年。

名不见经传的安徽体彩彩民运动会能够四年办一届，而且一届办得比一届好，靠的是赛事没有门槛、群众踊跃参与，靠的是设项贴近生活、参赛轻松随意。而更重要的原因则是，时下能够满足群众广泛参与的赛事实在太少了，难得有大家都能参与其中的赛事出现，想不成为“香饽饽”都难。

是观赛重要还是参赛重要？这在十几年前都不能称之为问题，因为在观赛都难以得到满足的情况下，侈谈参赛岂不是痴人说梦？仔细想来，想必我们在办大型赛事时总是喜欢把观众同运动员隔离开来，总是喜欢把群众和赛事隔离开来，这应该不是没有依据的“发明创造”，似乎更应说成是“习惯使然”。

对于有责任和义务为群众举办喜闻乐见赛事的各级体育主管部门来说，办赛只围着竞技转、围着明星转、围着利益转的思路该改改了；对于有能力有兴趣为群众办喜闻乐见赛事的各种社会力量来说，这样一份难得的热情理应得到鼓励而不是打压，这样一份真诚的付出理应得到呵护而不是棒喝。

是时候把群众的参赛权利还给群众了，是时候将群众喜闻乐见的赛事提供给群众了。再有耐心的观赛者也不会永远满足于观赛带来的愉悦，再有耐心的办赛者也不会容忍正常办赛被横加干涉的现象不间断发生。

把赛事办到百姓的心坎上，这是增强人民体质的切实举措，更是时代发展的必然要求。

（本文摘自《人民日报》2013 年 10 月 28 日 15 版）

平静中蕴含思考的一年

（记者采访录）

文/《国家彩票》记者　陈明

2016年6月15日那天，一早就下起了蒙蒙细雨，陈文清的心里除了兴奋也有担忧，上午九点要在合肥市大杨镇跃进小学举行全国第一所体彩足球希望小学的揭牌仪式，不知到时候雨会不会停呢？

作为安徽省体彩中心分管宣传工作的负责人，陈文清带领宣传团队全程策划、组织了这所足球希望小学的创办。

从最初萌生这个想法到2015年年底两度去实地考察，再到省体彩中心领导班子最终确定跃进小学为体彩捐资建立的足球希望小学，历时半年多时间，想法马上就要变成现实，陈文清的心里的确有些激动。

那天，老天爷也很给面子。到了课间举行简短仪式的时候，淅淅沥沥的小雨居然停了，孩子们开心地表演起了足球操。位于市郊的跃进小学是安徽省乡镇学校中的一所具有足球传统项目的学校，大多数孩子是农民工子弟。因受资金限制，学校在日常训练、比赛等方面遇到了很大困难。安徽体彩投入了30万元经费，帮助他们用于足球教学、训练、比赛和硬件建设。

2016年，忙碌中经历了很多事情，也有很多难忘的瞬间，但那一天在跃进小学看到孩子们发自内心的笑脸，看到黑白相间的足球在孩子们脚上熟练地腾挪翻飞，这一幕还是在陈文清的心里留下了深刻的印迹。

围绕重点　强化宣传

2016年对陈文清来说是平稳、平顺的一年。这一年，他开车没有出现过一次交通违章。这也许和他沉稳的性格有关，但达到这样平稳的境界并不是一件容易的事情，除了要做事冷静、守规矩，还要有事前的缜密思考和对未来的清醒认识。

过去的一年中，陈文清一直思考的一个问题是，如何在营销宣传中将体彩的公益宣传、品牌宣传和体彩文化宣传相结合。这期间，安徽体彩的营销宣传工作重点也是围绕这三方面展开的。

创建全国第一所体彩足球希望小学的想法就是缘于这样的思考。陈文清所在的团队认为，从公益的角度，安徽体彩早于十多年前就率先在全国创建了体彩希望小学，如今这个公益品牌已经产生了良好的社会影响力，他们和安徽省希望工程办公室的合作也一直很顺利，此次对于足球希望小学的创立，双方也是一拍即合。从打造品牌的角度，竞彩是体育彩票的一个重要品牌，足球又是竞彩的重要内容，在体彩公益活动中融入足球元素，也是对竞彩品牌的宣传。再从文化角度看，体彩文化离不开它独有的体育特色，应该和社会大的文化背景相结合。现在，国家正在大力提倡青少年校园足球活动的开展，创建足球希望小学也正好契合了这样一个背景。

除了公益宣传以外，对竞猜型彩票的宣传，陈文清也动了不少脑子。2016年6月，法国“欧洲杯”开幕，各省市都会利用这个契机大显身手，开展各具特色的竞彩营销宣传活动。安徽体彩中心也不例外，除了邀请两位央视“名嘴”来参加“欧洲杯”竞猜启动仪式，以及推广竞猜普及活动来拓展购彩群体外，“真竞彩·萌宝贝评选大赛”的策划和举行是陈文清觉得比较有亮点的一个活动。

这个活动的创意来源于生活中的细节。“有一天，我的微信上收到一个朋友发来的邀请——为他家孩子参加的书法比赛活动投票。这引发我的思考，生活中但凡有孩子参加的活动，家长都会比较上心。竞猜型彩票虽然都是大人在买，但如果能举办一个活动让孩子关注，从而引起整个家庭的参与，不也是一个很好的推广和宣传竞彩文化的途径吗？”陈文清说。

于是，他和同事积极策划，在“欧洲杯”举行的当月，利用“安徽竞彩”微信平台开展了全省“真竞彩·萌宝贝”评选活动。活动内容是将自家宝贝的萌照和所支持的球队发到平台上，结合最后所选球队比赛的名次和宝贝得到的投票情况，产生获奖人选，并获得相应奖励。果然如大家所料，这个活动产生了很好的社会反响，参赛者众多。

平稳中寻求发展

伴随一个又一个活动的成功举办，2016 年转眼已过。陈文清觉得这一年一如既往地忙碌，没有什么大起大落，但平稳中也有很多新的收获，安徽体彩的营销宣传团队在这一年也得到了不少的磨炼。例如，2016 年安徽体彩开办的“体彩大讲堂”和宣传员培训对提升大家的业务水平有很大的帮助。

对于 2017 年的体彩宣传工作，陈文清已有了初步的谋划。他始终认为，品牌如同“航母”，是引领市场发展的最好“向导”和“指挥棒”，“今年恰逢第四届安徽省彩民运动会，我们打算继续将这项品牌活动办好。”

此外，拓宽宣传渠道也是陈文清考虑的重点工作之一。“门店就好比酒店，建酒店很重要，但酒店建好后，装潢再豪华、服务水平再高，如果没人知道、没人进店来消费也是徒劳无功的。”陈文清说，拓宽宣传渠道既要围绕门店“打转转”，也要在门店之外加大营销宣传力度，让更多的人知道体彩、了解体彩。

在营销宣传方式的创新上，陈文清觉得调动门店的积极性、主动性特别重要。因为门店的业主和销售员最清楚购彩者的需求，他们的主意很多，也最有效，只是需要去引导和推动。

新媒体平台的广泛应用已成为大势所趋。陈文清觉得体彩宣传也要跟上时代的步伐，必须调整工作思路以适应市场发展。以前，安徽体彩要求市县体彩销售机构在宣传上突出“一报一台一户外”(报纸、电台电视台、户外)，随着网络、微信的广泛应用，现在已经改为“一网一台一户外”（网络微信、合作平台、户外)。在明年的工作中，安徽体彩积极探索做好体彩宣传的“加减乘除”，即增加网络投入，减少阅读量少的合作媒体，体彩微信、网站要成倍投放，剔除成本大、效益小的传统合作。

陈文清虽然现在做的是管理工作，但他一直没有放弃写作。平时，他喜欢将自己在工作中的一些思考和体会写成文章。他订阅了一些管理类、营销类杂志，从这些刊物上获得灵感或启发，已成为他工作和生活中的一大乐趣。

（本文刊发于 2016 年《国家彩票》）

外婆喜欢“顶呱刮”

外婆今年九十四岁了，身体健康、阳光开朗。她以前的爱好只是看书读报，但自从四年前春节家庭聚会第一次刮了体彩即开票“顶呱刮”后，刮彩票就成了她生活中不可缺少的一大喜好。而且，外婆刮彩票别有一番乐趣。

外婆刮彩票喜欢“精耕细作” 外婆刮彩票前要做三件事：一是把桌子擦干净，二是拿出放大镜和专用的即开票刮擦器，三是洗手。准备工作就绪才开始刮彩票。她多是先刮彩票票面上“你的号码”的覆盖膜，然后再刮“中奖号码”的覆盖膜。她刮得很仔细，用力比较均匀，生怕刮坏，边刮边吹吹粉末；刮几个号码要停停看看；有时还会先猜猜下一个是双数还是单数，然后再刮；有时也会一行一行刮或一列一列刮……总之，一张彩票在她手中要刮很长时间。全部刮完后，她会用放大镜反复“扫描”，看看是否出现“元宝、喜糖”等标志，记下“中奖号码”中的一个数，再与“你的号码”中的数字比对。外婆中奖了，自然是乐不可支，连说“中了、中了”，未中奖也不气馁，她会说：“还有下一次呢”“好运还会来”。我们知道，她早已乐在刮彩票的过程中。

外婆刮彩票喜欢“精挑细选” 外婆早年曾在张治中先生创办的黄麓学堂上学，有一定的文化修养，对即开票也有一番研究。“顶呱刮”票种多，令老人家眼花缭乱。她一般挑选自己不太熟悉的先刮，很喜欢的票种像“甜蜜蜜”“年年有余”“红红火火”，总是收藏几天，经常翻翻再拿出来刮。有时她也会从一本票中先挑几张刮刮，刮过的票一一归类、收齐。现在，她俨然是专业人士：2 元、3 元、5 元、10 元、20 元、30 元“顶呱刮”都能说出好几个名称来。她还不时考考我们，比如，一张 20 元“顶呱刮”彩票最多能中多大奖？

当我们回答是100万元时，她会竖起大拇指说："你真是'顶呱刮'！"

外婆刮彩票喜欢"精打细算" 外婆年纪大，腿脚有些不方便，难得出门。为了讨得老寿星高兴，家里亲友总是隔三岔五给她买"顶呱刮"。有一段时间，家人都很忙，忘记买票了，一时出现"断票"。子孙们来看望她，她即使"断炊"也不直接开口要，就默默地等票。她自此之后就开始"囤票"，等到积攒了一定数量的存票，才会拿出来。

外婆刮彩票喜欢"精于取乐" 大多数人带着能中奖、中大奖的博彩心理来刮彩票，但我外婆刮彩票的最大关注点是从中获得快乐。老太太刮彩票不是一人独乐，而是喜欢与来看望她的人一起刮彩票——与"民"同乐。每当我们和她一起刮彩票，看到她专心致志地沉浸在刮彩票的幸福中，其乐融融的情景总是感染我们，让我们忘却工作中的烦恼，因为尽了一点孝心而倍感开心。今年元宵节，我和妈妈一起陪外婆刮彩票。她一边刮一边说："正月十五元宵节，刮刮彩票全家乐。"我们把她刮彩票的情景和中奖现场"直播"到家庭微信群中，她很高兴地对儿孙们说："今天刮的'顶呱刮'中了好多奖！我也会用微信了，微信上讲了不少知识，不过微信上讲的不能全信。微信微信，微微相信。"逗得我们全家人兴高采烈。真是刮了"顶呱刮"，全家乐开花！

外婆喜欢"顶呱刮"还有一种自豪感。去年，合肥市体育局在她住的小区安装了全民健身路径。家人常常陪她在健身器材上坐坐玩玩、晒晒太阳。她看到器材上写着"中国体育彩票捐建"，就问道："这是什么意思？"我们告诉她：就是您刮的每一张"顶呱刮"都会产生公益金，国家收集起来用于购买体育器材，送到许多街道、小区、乡村；有的公益金用来建体育场馆，有的用来开展全民健身活动等。她开心地说："刮彩票还能为国家做贡献啊！以后让我多刮'顶呱刮'，多来这器材上享受享受。"

编者按：现在，不少大众媒体乐于报道购彩者中大奖的故事、消息，但是中大奖毕竟不多。我们还应大力倡导对未中奖者从彩票中获得乐趣的传播，这样才能真正体现体彩的公益性和娱乐性。

我们看到，体育行政部门用体彩公益金做了许多好事，但是宣传不够有力，公益金使用与购彩者购彩行为尚未建立直接的关联；公益金宣传忽视了购彩者参与体彩活动、公益行动的信息传递；重视中奖宣传，轻视未中奖却能获得乐趣的宣传，忽视购彩者购彩为社会公益事业做出的贡献。从另一个角度看，这正是体育行政部门及媒体做好体彩宣传应该关注的方向。

本文所述为真人真事，栩栩如生地描写了一位老人在刮彩票中的乐趣。

（本文收录于《2014年“体彩在我身边”全国体彩主题征文获奖作品汇编》，第一篇）

第四章

门店销售

沟通从“废话”开始

我在门店调研时，“阿庆嫂”式销售员的“废话”寒暄和热情，总让我愉快地多买彩票。而在有些门店，我时常遇到销售员态度冷淡，不理人。有的销售员只顾玩手机或上网打游戏，还抱怨生意不好。他们没有意识到，正是自己消极的销售态度、“金口难开”，导致购彩者流失。购彩者进店，“来的都是客、全凭嘴一张”，销售员与顾客的沟通是营销的关键。

一、良好的沟通可以提高销量

人的心和降落伞一样，打开才有用！融洽的沟通有助于提高销量。

心理学家认为，有效的沟通可以消除人的防备心理，缓和紧张状态。陌生人之间最初处于隔阂、防御和对立状态，沟通能够适当缓解这种状态。新购彩者进店时，销售员主动问候将会在第一时间消除对方的陌生感和防御感，为进一步沟通、成交创造先决条件。

社会学家认为，人有被尊重、被认同的需要。顾客购买的更多是这种感觉。沟通和交流可以认知购彩者、尊重购彩者。只有找到了与顾客的共同点，才可能与之建立关系。销售就是建立关系、建立人脉。人脉就是“钱脉”，人缘就是财源。主动与购彩者研究游戏、购彩技巧，购彩者会觉得受重视，满意度就会提升。在轻松的氛围中，购彩者或许更容易接纳销售员的建议，继而多购、续购。

营销学家认为，沟通可以让顾客充分表达自己的需求。购彩者不仅买的是产品，而且买产品额外的服务。购彩者的需求往往不会一下子表达出来，而是需要一个沟通的过程。销售员注重“以客户为中心”“以需求为导向”，更多地了解购彩者的需求，针对顾客不同需求和兴趣采取相应的销售方式，会产生良好的互动。热情、有亲和力的销售员容易征服购彩者，稳步提升销量。

事实上，目前“舌尖上”的技巧和沟通红利未能在体彩门店销售中有效运用和完全释放。

二、沟通的“二八定律”

沟通是社交的前提，良好的沟通并非易事。有专家研究提出“沟通漏斗定律”，也叫“沟通二八定律”。

沟通情绪：两个人的沟通，情绪因素占80%，内容因素占20%。如果沟通情绪不对，内容就会被扭曲。沟通之前，一定要梳理好情绪，不然误会就会越来越深。

沟通“漏斗”：通常，一个人只能说出心中所想的80%，但对方听到的最多有60%，听懂的只有40%，执行时只有20%。

沟通“漏斗”是客观存在且不可避免的。它是导致执行力和工作效率下降的普遍原因，而不可或缺的“废话”往往能弥补沟通的缺陷。

三、门店沟通障碍的原因

代销者不愿或不擅长与购彩者沟通，被动营销，原因有以下几点：

认识不足　有些销售员认为购彩者购彩是一种自发的行为，选什么游戏、买多少注彩票基本上是固定的，没必要多做交流；给进店的新购彩者讲玩法，一句两句说不清；老购彩者都知道玩法，促销活动就那几点，没什么可说的。本应是有说有笑的快乐销售却变成“哑巴”销售。

缺乏动力　有些业主给销售员的待遇低，销售员无提成奖励或提成少，无社保等基本待遇，挫伤了销售员的积极性。销售员会认为销售好坏、销售多少与己无关。有些销售员进店工作，只作短期打算，当成工作过渡。他们不愿多费口舌去向新购彩者介绍游戏，甚至对经常光顾的老购彩者都爱搭不理。

业务不熟　中国体育彩票是国家彩票、公益彩票。它要求销售员不仅要懂彩票政策法规、管理规定、销售知识和营销技巧，而且要知晓市场经营之道、购彩者心理、爱好等。有些销售员把销售彩票作为临时性工作，不愿动脑筋研究玩法技巧。

不善社交 有的销售员比较内向，表达能力不强，又不思改进，与新、老购彩者沟通困难。实际上，每个人都可以被改变与塑造，通过后天的努力，完全可以提高自己的观察、理解、表达、沟通能力。

执行打折扣 彩票销售中，沟通“漏斗”的现象比比皆是。比如开展促销活动培训时，受限于文化水平、销售经验等，业主、销售员大多只能领会培训内容的80%，真正理解、消化的大概只有60%，销售员回店后介绍给购彩者的往往只能留存40%，购彩者实际能感受到的可能只有20%。这样的信息传递衰减直接影响了促销活动的有效开展。

管理不到位 门店情况各不相同，人员构成千差万别，让销售员熟练掌握沟通技能很难一蹴而就。销售机构管理人员对门店管理、服务、培训要求不够，一定程度上很难改变销售员尊口难开、被动营销的境况。

四、门店沟通从“废话”开始

苏格拉底说过：说话令人喜悦的能力，让人成就伟业！

国人有句惯用的见面问候语：“你吃过了吗?”这句打招呼的“废话”，成为主动沟通的代言词。

沟通从“废话”开始，往往能表示诚意友善、占据主动、拉近距离。沟通能力是销售员的必备能力，是赢得购彩者的重要法宝。沟通能力强的销售员往往会把没有希望的购买变成业绩，沟通能力差的销售员往往会让已经进店的顾客“零”购买。如何提高销售员的沟通能力?

提高认识 销售最大的敌人，不是对手，不是价格，是你的埋怨和借口。没有卖不出的产品，只有卖不出产品的人。能说会道才能拴心留客。

让业主销售员从心底里认识到沟通的好坏事关销售成败，继而增强主动营销意识、掌握营销技巧，这是门店生存之道、赢利之基。业主销售员有主动沟通的强烈意识，才会自觉、主动地把大乐透、竞猜、即开票的标准要求落实到位。

培训到位 业主开新店，体彩销售机构要把业主、销售员的沟通、表达能力作为基本条件，对业主、销售员综合培训，符合标准、考核合格方可发放上岗许可证。对不参加销售的“甩手掌柜”，不准上岗。

熟悉业务　购彩者是最好的老师，同行是最好的榜样，市场是最好的学堂。取众人之长，才能长于众人。常言道：干一行爱一行，做一行专一行。因为熟练，所以专业。只有专心才会成为专家，只有专家才会成为赢家。

无论是为了生计、生活，还是为了职业、事业，通晓业务、熟悉行情是起码的立业之需。销售员有过硬的业务本领，在与购彩者沟通时言之有物、言之有理，容易赢得购彩者信任，才有留住老购彩者和发展新购彩者的资本，才能在工作中找到乐趣，还能从彩票事业中获得丰富知识，即使以后离岗也能对新岗位工作有所帮助。

帮助改进　针对门店执行中的“沟通漏斗”和层层“打折”现象，销售管理人员要主动与门店沟通、交流，发现沟通存在问题，及时纠正。改进的首要工作是帮助销售员养成主动沟通的习惯！

业主要设身处地为销售员着想，设法提高销售员待遇，可设销量提成奖、发放福利等，做到感情留人、待遇留人，让其做长远打算，安心工作，销售员自会回报而积极销售。

许多市县体彩销售机构采取不少行之有效的办法：把竞猜店业主销售员带到本地或外地示范门店参观；组织业主销售员开展技能大赛和“金牌店员”评比；邀请优秀专管员、销售员到新建门店帮扶；对门店实行考核、奖罚来提升门店销售员的沟通、营销能力。

销售员在学习、工作中渐渐学会沟通，日积月累就会驾轻就熟，取得营销实效。

彩票营销和“废话”沟通看似毫无瓜葛，却有千丝万缕的关联。老购彩者进店时，销售员的一句：“您来了，吃了吗?”新购彩者进店时，销售员的一句：“您好，今天是周一大乐透开奖，要来几注吗?”这些看似“废话”的话，却让购彩者倍感亲切与温暖。正是这些不废的“废话”提升了沟通能力，带来生意兴隆。

（本文刊发于2015年第12期《国家彩票》）

小白兔招客的启示

2014 年 9 月，总局体彩中心几位领导来到安徽省芜湖市 04059 号门店调研。有位主要领导看到店门口放了一个小笼子，里面有一只可爱的小白兔，随口问销售员："这是做什么用的?"销售员说："过路人看到漂亮的小白兔就会停下来，抬头看到我的体彩店，就可能走进店来。"这种招引顾客进店的方法让在场的人赞叹不已。这个招客的小创意给了我大启发。

"我要做"是门店销售的重心 许多成功营销案例告诉我们，营销需要细心谋划、主动作为。有的体彩店在店门口放置电子提示屏，购彩者一进店就提示："欢迎光临!""现在大乐透奖池 7.66 亿，您买了吗?"有的门店在店门口摆放小即开票箱，写上"试试手气、碰碰运气"。有的门店即使晚上下班，也用闪亮的电子侧招告知路人这里有家体彩店。有些门店将即开票废票变废为宝，做成精美工艺品展示或送给购彩者……设法吸引过客、进而引导消费，这些门店主动宣传的做法值得推广。如果都像 04059 门店销售员那样主动想办法，门店的宣传工作一定都会做得很牢固、很出彩。

有些门店宣传工作经常不到位，专管员多次要求门店按规范标准执行，比如超级大乐透"五个一"要求门外悬挂开奖公告牌，不少门店总是做不到；奖池公告总是不写或写得不准确，更谈不上主动去营销。有的门店不重视店内外宣传，连宣传海报也懒得贴，陈旧无用的宣传海报不及时更新，"顶呱刮"也不展示出来。表面上看是专管员管理不到位、门店不配合，实质上是业主、销售员思想上没认识到营销宣传、服务购彩者的重要性，反映出门店用心经营意识差、敬业心不强、没有养成良好的工作习惯。只有转变销售员消极营销的观念，才能解决门店被动营销的问题。

让人进店是门店营销的核心　让人进店并非易事。让人来是销售中关键的一步，前提是要让人知。让人知，重在告知宣传、提高游戏和门店的知晓度。不少门店因为忙或认识不到位而忽视此项工作，只好被动等人进店。而门店的外围营销则主要依靠市、县体彩销售机构来加强户外宣传和网络宣传。

营销学中有一个“登门槛定律”：指一个人接受了他人微不足道的要求，为避免认知上的不协调，或想给他人前后一致的印象，就有可能接受更高的要求。这种现象，犹如登门槛时要一级台阶一级台阶地上，这样能更顺利地登上高处。用小白兔吸引客人的注意力，再引到体彩店，正是这个道理。

“围绕门店转”是销售工作的中心　门店是销量的来源之地。体彩销售管理的重点工作就是要“一切围绕门店转”。帮扶、指导、服务、营销是管理门店的主要工作。事实上，我们对有些门店的指导多是服务比管理多、行政要求比市场管理多，习惯于多用行政思维和行政办法来做市场销售。让门店树立市场意识、经营意识、成本意识、服务意识，教会门店用心琢磨、善于经营，门店才能在市场竞争中立足。

“围绕门店转”有两个基本点：一要稳定销售员，二要扩大购彩群体。门店购彩者少是销售的最大难题。原因除了门店自身经营不善外，还存在门店位置选建和销售员选择不当、及时和有针对性的帮扶不到位等问题。有的门店守株待兔，销售员流动性大；不少门店销售员只是打票员，很少主动开口；有些优秀销售员因为收入低、缺乏归属感和成就感而离店，造成人力、物力的浪费；新销售员上岗业务不熟悉，直接影响销售。不难看出，促使业主重视销售员的待遇、保持销售团队的稳定是管理门店的重要任务。

“围绕门店转”的着力点是多发展新购彩者。这要依赖体彩销售机构与体育行政部门的积极协作和体育行政部门的大力支持。经济学“非零和博弈定律”告诉我们：在博弈中蕴含着参与者可能存在某种共同的利益，合作能够获得“双赢”“多赢”或“共赢”的结果。市、县体育行政部门获得体彩公益金，在推动竞技体育、群众体育和体育产业发展的同时，更要饮水思源、“反哺”体彩宣传、促进体彩品牌形象提升，把充分用好体育资源助力体彩营销、扩大购彩者作为基本职责来履行，会使体育工作和体彩销售相得益彰。

访店是为了帮助改进 领导和管理人员访店是调研工作的常法。归纳起来有“五步法”：看、查、听、记、改。第一步：店外观看。在店门外看门店电子显示屏内容、走字速度，看开奖公告牌、店招。看门店所处位置、人流量、人气。第二步：进店检查。查店内各区布置、物品展示和物件摆放是否整齐，是否方便购彩者购彩；查重要节点活动海报是否张贴在醒目位置，过时海报是否撤销；查走势图和中奖展示；查销售员主动推销情况、业务能力；查店里卫生状况。第三步：听取意见。问销售员销售、购彩者购彩情况；听购彩者购彩意见、建议。第四步：留下印记。打销量报表；记录门店存在的主要不足、问题，以及生意经、好的建议。必要时可以留下图片资料。有创意有价值的宣传物料还可带回研究、推广。第五步：反馈改进。这是五步中最为关键的一步。一般来说，门店出现的共性问题多是管理人员管理不力、执行不到位。门店业主大多不喜欢别人指出缺点。对管理人员来说，察看门店是为了发现不足，帮其改进。领导在门店看到的重要问题和重大缺陷应及时告知辖区管理人员和负责人，市、县体彩销售机构要抓紧整改。发现问题并及时解决才是察看门店的目的。

实体店销售是体彩销售的基础。从体彩营销来看，销售员是销售主体，购彩者进店购彩主导销量，管理者的工作主线就是帮助门店让更多的人进店。

（本文获2014年“体彩在我身边”全国体彩主题征文一等奖）

门店销售——从鸡过马路说起

鸡为什么过马路？也许你有许多答案：觅食、回对面的鸡窝、找伙伴……这些都是从人的角度来回答的。从鸡的角度来想会是什么答案？如果从销售角度来认知，考量客户的动机和需求，就会变成营销中很有意义的话题。

一、营销就要洞悉顾客的购买动机

欲知鸡过马路的真实动机，当然要问问鸡。可能有人会说：鸡又不会说话，怎么问？是的，鸡不会说话，但是客户会。购彩者进店不一定就是只买彩票。他想做什么和不想做什么，你都很清楚吗？知晓购彩者进店动机，可以促成不买为买，或少买为多买，或买了更高兴。有的销售员对营销的认识多是感性的，不妨对购买动机做点理性探讨，也许会有更多启发。

购买动机是直接驱使消费者进行某种购买活动的一种内部动力，反映消费者在心理、精神和感情上的需求。主要有以下几种：

感情动机 它是指人的喜怒哀乐和道德、情操、群体、观念等情感引起的购买动机。感情动机直接影响消费者对商品或营销者的态度，并伴随有消费者的情绪体验。感情动机可以分为求美动机（从美学角度选择商品）、嗜好动机（满足特殊爱好）、攀比动机（争强好胜心理）。

理智动机 理智动机是消费者经过对各种需要、不同商品满足需要的效果和价格认真思考后产生的动机，具有客观性、周密性、控制性。可分为求实动机（产品的实用价值）、求新动机（产品的新潮、奇异）、求优动机（产品的质量性能优良）、求名动机（产品的品牌）、求廉动机（喜欢买廉价的商品）、求简动机（要求产品使用程序简单、产品购买过程简单）等。

惠顾动机 惠顾动机是基于感情和理智的经验，对特定的商店、厂家或品牌产生特殊的信任和偏好，使消费者重复地、习惯地前往购买的一种行为动机，具有经常性、习惯性。比如，有的购彩者喜欢玩高频或大乐透游戏，进店就会直奔主题去购买。

客户买东西的动机，要远比鸡过马路的动机复杂得多。鸡过马路的问题说明了两个道理：第一，客户买东西的动机千奇百怪。而这种动机又是决定客户买不买和买多少的关键。第二，尽量不去猜客户的动机。常用的方法是问“鸡”，问不到再猜。

如果你不了解客户的购买动机，你的销售就会瞎蒙乱撞。还记得那个老太太买橘子的故事吗？你卖酸橘子，老太太觉得牙口不好；你卖甜橘子，她说要买给自己怀孕的儿媳妇吃。怎么做都不对。所以，正确的做法是：你要先了解客户的购买动机。

鸡为什么过马路的问题，说到底就是站在客户的角度想问题，搞清客户的动机和需求。你卖的东西越多，要了解的东西就越多。

老购彩者进店的动机多是买彩票。但是，买什么，买多少，犹豫什么，作为销售员就要知道八九不离十。你清楚购彩者的购彩动机和真正想法，沟通就会很愉快，购彩者购彩也会很愉快。非购彩者进店已非易事，一定有他的动机，也许复杂，也许很简单。销售员如何引导让其购彩，从而发展为购彩者，这是销售工作的关键。

销售行业有一句经典：“能用问的，绝对不用说。”多问，永远是销售的黄金法则。古人云，伸手不打笑面虎。购彩者进店，销售员要热情打招呼、主动问。当然，一定要问有效的、有利的问题，问一些能“套牢”客户思考方式的问题。聪明的销售员会用一些巧妙的询问、高超的销售技巧来引导客户，让客户购买。但在实际工作中，不少销售员“金口难开”，不知如何引导客户、抓住客户的心。要想了解客户的想法，必须跟客户沟通和交流。问是最基本的开始。

购彩者为什么购买你的产品？从事后成交来看，原因可能是想中奖、可能是品牌吸引、可能是广告展示、可能是有效的沟通、可能是销售技巧好、可能是购彩环境好，也可能是销售员的形象好。

销售一开始要做的，是了解购彩者购彩的动机。销售的核心工作是吸引客户，让客户深度参与，然后认知产品、购买产品。

二、做营销服务要充分把握购彩者需求

“顾客是上帝”。如果不清楚顾客的需求，就无法令顾客满意，顾客更谈不上有“上帝”的感觉。“用户的难题就是我们的课题”，海尔在保证产品品质的前提下，十分重视用户需求，注重“设计人性化，使用简单化”，研发出小神童洗衣机、健康拉幕式彩电等一系列满足顾客需求的产品。为了与消费者联系得更加紧密，海尔在全国各大城市都设立了“9999”售后服务热线，并开通电子商务“B2C”网站，使海尔与用户之间形成一种亲情般的关系。海尔总是不断地了解用户的需求，想尽办法让用户在使用海尔产品时毫无怨言。这些做法值得彩票销售机构和销售人员学习、借鉴。

顾客需求是指顾客的目标、需要、愿望以及期望。根据马斯洛的需求层次理论，人类的需求层次由低到高依次为生理、安全、社交、自尊、自我实现。较低层次需求的满足是实现较高层次需求的基础。顾客需求可以分为五种：

产品需求　类似于人的基本需求，如衣食住行一样。客户的基本需求包括产品的功能、性能、质量以及产品的价格。大多数客户希望以较低的价格获得高性能、高质量的产品。那些购买力较弱的客户仍然以产品质量及价格作为采购的主要依据。

服务需求　随着购买力增强，客户的需求不再仅仅关注产品本身，还关注产品的售后服务。好的产品加上好的服务承诺并不能让客户完全满意，客户满意度还取决于好的产品应用实施方案、及时且有效的技术支持。客户不欢迎、甚至反感那些服务承诺良好，但不能及时有效解决问题的服务商。

体验需求　随着旅游、娱乐等产业的兴起，人们逐渐从工业经济、服务经济时代步入体验经济时代。客户购买前希望对产品做一番“体验”，如试用、品尝等。组织一次考察、一顿晚餐，对客户而言都是一种体验。这种体验需求

不是产品、服务所能替代的，是在产品、服务需求被满足后产生的更高层次的“愉快感”的需求。

关系需求 客户购买了称心如意的产品、享受了舒心的服务，若能结交朋友、扩大社会关系网，一定会喜出望外。“关系”对一个客户的价值在于：获得了社会的信任、尊重、认同，有一种情感上的满足感；在需要或面临困难时，会得到朋友的帮助和关怀；可以与朋友共同分享和交换信息、资源、思想、快乐等。因此，“关系”是客户十分珍视的资源。

成功需求 获得成功是每一个客户的目标，是客户最高级的需求。有时，客户并不十分清楚或不能清晰地表述自己的需求。客户的购买力、购买行为也不尽相同，但是，都不同程度地存在着上述几个层次的需求。准确、清晰地识别、判断客户需求是在哪一个层次上，从而有针对性地营销，才能让客户获得成功的需求。

购彩者的需求主要体现在以下几个方面：

便利需求 购彩者多是到体彩店购买彩票。炎炎烈日、雨雪风霜，往往影响购彩。彩票店离住地或单位远，不方便购彩会直接导致销量下降。所以，便利性是影响购彩者购彩的重要因素。

中奖需求 购彩者购彩的目的多是希望中奖。中奖能感到有回报，续购才有动力。有的购彩者有中大奖需求，希望中几百万、上千万的大奖来改变人生，他们往往喜欢购买大盘游戏。有的购彩者只要中奖就快乐，他们喜欢玩快开、易中的游戏。

体验需求 有些门店发体验券给进店顾客，让新购彩者感受如何购彩，在体验购彩中学会投注技巧。为了满足购彩者的中奖体验，有的销售人员乐于和购彩者研究赔率不高、易中奖的游戏。

快乐需求 有些购彩者因为购彩成为朋友，边玩边分享购彩快乐，已经成为许多购彩者的新时尚。有的体彩店为提升服务质量，把门店升级为具有联谊功能的服务场所，赚得更多人气、财气。

成功需求 有些中奖者主动捐款，为社会公益事业做奉献，感受服务社会的成功感、实现个人价值。这些购彩者往往更加注重精神上的满足。

对于体彩销售员来说，学习营销理论知识，准确把握购彩者需求，从而为购彩者做好服务。许多用心销售的门店建立了微信群、QQ 群，学会研究购彩者需求背后的深层次需求，与购彩者一起体验、一起玩。

门店要做好营销，就要善于总结销售经验，用心思考“鸡过马路”之类的营销理念，努力把感性售彩上升到理性销售的高度，不断提高销售技艺，促使销售越来越旺。

（本文刊发于 2022 年第 3 期《中国体彩》）

彩票营销中的“加减乘除”

营销中的“加减乘除”是营销的一种新思维、新方式。探求营销新思维，会改变常规认知。我们习惯性地认为销量、利润来源于增量。实际上，营销也可以通过做减法、乘法和除法来实现销量、利润的增加，甚至效果会更好。

彩票营销需要不断创新，如思维创新、理念创新。本文提供一些“道道”，看看哪些地方需要“补妆”。

一、彩票营销中的“加法”

在菜市场买菜，总会见到有些卖菜老板秤头翘了那么一点点，或者是送几棵葱，我们会非常满意。多加了这一点点，会让你心里舒服，下次肯定会优先光顾这家店。“秤头翘”，实际上是一种很好的营销方法，是营销中的“加法”。彩票营销中有许多管理者和代销者在做“加法”。

营销目的的“加法” 门店销售彩票的目的是提高销量。销量从哪来？销量怎么能持续增加？销售的目的就不能只是一味地追求销量增加，而是要致力扩大购彩群体，如此才有源源不断的购彩者，这就需要加大营销和宣传。增加客户就是在做真正的“加法”。

营销角色的“加法” 彩票工作看似简单，做起来不简单。因为有买卖、有监管，就有市场经济和经营管理。每个从业人员都要一岗多责、一专多能。一个人要扮演多个角色。专管员不仅要当好管理员，还要当好调解员、培训员、宣传员。代销者不仅要当好打票员，更要当好营销员、服务员。在各自岗位上做到尽职、称职，除了精通本行业务之外，需要增加管理学、营销学、心理学等理论知识，还要增强营销的实战能力。

营销理念的“加法” 卖完几注彩票，不是销售结束，而是销售的开始。比如，购彩者连续未中奖，有的销售员任凭客户抱怨，但有的销售员会安慰几句，如“你为国家公益事业做了贡献”“祝你下次中奖”。这样的销售就不只是单纯的买卖。销售能够延续，重要的是沟通和交友，需要你多说一句，多增加“秤头翘”之类的额外服务，让顾客舒服、满意，从而留住客户。销售理念的“加法”就是把销售从单一的买卖扩展到有增值服务和多交好友。

营销思维的“加法” 营销思维是以客户价值为导向的逻辑思维与内容思维的综合体。单纯的买卖就是把产品通过推销或促销卖出去，这是我们习惯性的直线销售思维。营销思维与之不同的是，需要综合性的思维方法和完整的思维内容。思维的方法有很多，彩票营销思维主要有用户思维、品牌思维、流量思维等。营销思维的内容包括逻辑严谨、研究方法独到、分析体系完备，营销方案能做到“对”，又能做到“好”。营销思维的“加法”就是要从单一思维变为多向思维，从初级思维变为高级思维，从一成不变到不断创新。

营销产品的“加法” 对于水果店来说，如果只卖西瓜，难以赚钱。增加了苹果、香蕉之类的产品，就会增加收入。彩票发行初期，只售即开票，随着市场需求不断激增，陆续增加了乐透型、数字型、竞猜型游戏。

除了增加产品品种外，还可增加产品自身的价值。比如，有人把“双 11”策划成“光棍节”，淘宝利用“光棍节”，让每年的“双 11”成为“剁手节”。中国“情人节”是“七夕”，每年的“情人节”玫瑰花会大卖。他们通过制造品牌效应或依附品牌，使产品大大增值。同样，体彩为了打造产品品牌，使游戏产品自身价值升值，不少销售机构用主打产品冠名，与运动项目结合或与某一公益活动结合，如冠名“超级大乐透杯”篮球比赛等，以此提升知名度，使原产品超出自身价值。

营销渠道的“加法” 彩票销售主渠道是门店，但是销售渠道是多向的、多面的。除了门店，还要拓宽渠道，比如跟文化旅游、邮电部门的结合，进商场、进景点、进社区、进车站等。营销渠道还有宣传渠道、跨界合作渠道等。

营销方式的“加法” 按营销结构分类，营销主要有三种方式：内部营销、外部营销、互动营销。在这三种营销中，资源和精力往往过多倾斜于外部营销，内部营销容易被忽视，互动营销有时乏力。外部营销，以为只要有成交就可以赢得一切。事实上，销售应该是以一种营销为主，再增加两种营销为辅的组合方式。

三种营销方式对应业内传播、营销传播与对话传播。传播要有效果，必须从组合上想办法，让内部营销传播人性化、外部营销传播市场化、对话营销传播职业化。

营销能力的“加法” 真正能胜任彩票销售的，不是一般的销售人员，而是销售人才。彩票销售员只是打票员，远远不能适应营销需要。从销售全景看，对销售员的能力要求是多样的、综合的。除了熟悉业务、熟悉行情外，还需要一定的表达能力、沟通能力、交际能力、处事能力。通过培训和交流，增加销售阅历，积累销售经验，不断增强“内功”。

营销服务的“加法” 有家外表很普通的加油站，生意却很兴隆。他们成功的奥秘很简单：服务员每次给汽车加完油，总要替司机检查一下安全带和引擎部件，再把挡风玻璃上的灰尘擦拭干净。如果发现司机精神不佳，服务员会替他抹上风油精提神。这些服务显然超出了司机所要购买的范围——加油，但又的确是每一位司机想得到的。这正好收到了“加法”经营带来的好处：小额服务换取大额市场，大额收益扣除小额成本，得到大额利润。

国外有家知名食品公司运用“加法”原理，采用一种叫作“翘尾巴”的经营方法——规定员工在给顾客称散装食品时，必须“翘尾巴”。比如出售糖果时，1000 克需超 5 克。经测算，虽然“翘尾巴”“翘”去了 0.5%，但购买人数增长了 5%～7%，相当于“翘尾巴”的 10 倍，利润反而大增。

对消费者来说，他在享受购物服务时，除了希望得到时间、空间上的快捷方便和价格上的优惠外，更希望得到额外的增值服务。这种普遍存在于消费者潜意识中渴望得到“更多剩余”的心理，正好采取“加法”策略来利用。

这给彩票营销很多启示。只有买卖而没有服务，只有销售而没有营销，不是真正意义上的销售。有些门店主动拿茶叶、水果招待客户，给客户发送好听的音乐、送生日小礼品等，熟练地运用“加法”营销，必然提高服务的满意度，这种销售层级的跃升总会带来销量的增加。同样，对管理者来说，特别是专管员，对门店指导和服务也要施以多种有效的“加法”。

从以上营销“加法”中可以看出，营销是一个积累与表现的过程，如同“台上三分钟、台下十年功”一样。经验需要积少成多，经营需要多次复盘。做营销的“加法”，就要重视交友，增强销售技巧，增加接触客户频次，提供增值服务，从而增强客户的体验感和购买欲。

“加法”的核心目标就是要增加客户。

二、彩票营销中的“减法”

减法策略：合理取舍，精简高效，规避风险，有效增利。

减少风险——彩票运营资金量大、门店多、人员多、涉及面广、社会关注度高，廉政风险、销售风险、技术风险、管理风险、宣传风险、开奖风险、兑奖风险等无处不在。彩票无小事，小事变大事。要制订各类风险防控方案，形成共识共防，重视做好风险防控，最大程度减少风险发生，特别是防范颠覆性风险发生，是确保彩票安全的头等大事。

减少无效决策——智慧在民间，决策出基层。营销策划是否有效，是否“接地气”，要多听基层的意见和建议，去伪存真，去粗取精，做到求实、有效。

减少程序——管理机构对门店的要求必须做好“减法”：减少重复、复杂环节，尽量做到精简、精干，突出重点，统一要求。不朝令夕改，切实给基层减负。

减少矛盾和纠纷——少数门店销售有赊欠，引起诸多纠纷。还有中奖、兑奖引起的纠纷，可能长时间难以解决。销售管理机构的重要工作就是要求从业人员务必熟悉行规，按规办事，减少麻烦，化解矛盾，确保平安销售。

减少购买成本——顾客的购买成本不光是指产品的价格，还包括购买产品花掉的时间和精力。例如卖大型家电或家具的商家大多提供配送服务，只要产品价格与顾客的期望价格差别不算太大，即使高了一些，很多顾客也就果断地购买了。由此可知，彩票店选址要方便购彩，店内要有卫生间，方便顾客使用。

三、彩票营销中的“乘法”

乘法策略：捆绑创造价值。扩大平台，放大功能，创造更大的价值。

阿基米德说过：给我一个支点，可以撬起整个地球。营销的乘法效应，其实就是借助杠杆力。

乘法营销和加法营销、减法营销不一样，更准确地说是属于多向销售法，有倍乘的效应。乘法营销，追求的是“好风凭借力，送我上青云”的效果。凭的是放大品牌效应，凭的是经验模式复制，凭的是“善于借势，勇于创新”的思维与实践。

乘促销之势——促销是销售中常用的方法。促销需要宣传，促进市场预热。对此，很多门店能充分领会、高度重视、积极配合、同频共振，抓住大好机会，在促销中获得新的客户、提升销量。

乘品牌宣传优势——营销乘法效应依据的是一种杠杆力。拿经营跟航船比，战略是舵，营销是发动机，品牌是帆，客户需求是大海。有帆才有势。彩票的公益品牌有良好的公知口碑，用好并放大公益、公信品牌，需要上下同心协力，借助品牌优势发力，提升公益品牌的知名度和美誉度都有助于门店销售。

倍乘渠道优势——模式复制是乘法营销的“星光大道”。从数字营销角度看，许多样板店建设内容丰富，适合“量化可控”的客户选择、游戏服务组合、内部运作方式标准。个性化经营变成可持续、可拷贝、可控制。彩票门店实行标准化销售，实际上是一种连锁店模式。近几年，全国体彩统一实施标准化门店建设，使门店形象得到全面升级。单店经营的成功往往靠系统促成。在客户开发、信息获取、价值呈现与品牌推广方面，总局体彩中心做到了“系统发声，多点开花”。

倍乘人才力量——优化配置好人力资源是营销乘法的必由之路。一颗希望的种子，要想长成参天大树，只有两条路可走：一条是黄山松的坚韧不拔，孤独的身影傲迎风雪；另一条是榕树的独木成林，入土就扎根，根深而叶茂。营销精神可学黄山松，而营销运作要学榕树。有耐力、善运作的营销，才是好营销，才是梦寐以求的乘法营销。

营销，最终要靠人才来实现和放大。即便是一个小小门店，选好、培训好、用好一个优秀销售员，就是用好人才。每个店都能这样做，全国体彩店的整体水平会呈现数倍提升。同样，培养一个优秀的专管员，会对彩票销售管理起到非常重要而不可替代的作用。

渠道、品牌、促销、人才构建营销四维体系。优化组合好四者之间的关联，就能发挥乘法效应。用乘法的方式放大平台、品牌、渠道和人才优势，这是彩票乘法营销的追求。

四、彩票营销中的“除法”

除法策略：分拆≥总和；细分，单独做大；除去干扰因素，获取利益最大化。

讲到除法策略，不妨来看一个有趣的体育事件。在 1993 年第七届全国运动会上，“东方神鹿”王军霞在女子万米长跑中创造了一个新的世界纪录——29 分 31 秒 78，把原世界纪录缩短了 40 多秒，全场掌声雷动。之前，这个纪录 20 多年来一直无人打破。

然而，在有的经济学家看来，该世界纪录破得“很不经济”，原因是跑步只要有 0.01 秒的缩短就算打破世界纪录，何必一下子缩短 40 秒呢？以至于自己也无法逾越。如果每次缩短 1 秒，就可以 40 次打破世界纪录。如果每打破一次纪录都会有奖金，王军霞就可以多得 40 倍的奖金，可以实现收益最大化。这个案例告诉我们，即便是很单纯的体育比赛也有营销策略，营销需要懂策略、用策略。

除法策略是把本来可以一步到位的目标过程依次分成若干细小的战略区间，依靠战略区间的转换和技术的升级换代，获取利润。简单地讲，就是把能独立、最赚钱的项目分出来，单独立项。

彩票营销没有这么复杂，因为价格是固定的，游戏产品相对固定，但是非销售因素带来的销售干扰必须除去。

除去违规违纪　安全是一切工作的重要前提和保证。纵观彩票运营历史，时有违规违纪发生，影响了行业的良好形象。各个层级加强廉政建设，切实做好“不想腐”教育警示、“不能腐”制度约束、“不敢腐”机制管控，全体人员加强自律、他律和律他，把腐败现象消控在萌芽状态。在销售层面，务必做到依法售彩，依规经营。

除去纠缠　少数门店业主有债务缠身，或与客户有纠纷，会消耗在店工作精力，直接影响门店正常销售。专管员要及时掌握此类信息，尽力帮助解困，保证门店正常经营。

消除顾虑 现在，仍有相当一部分公众认为购彩就是赌博。即便是购彩者，也有少数人认为购彩就是赌一下，这是体彩管理机构不可回避的话题。应该看到，20 多年来，体彩重视彩票公益宣传和彩票知识的宣传，注重传播彩票正能量，加大责任彩票建设，倡导多人少买、理性购彩，采取限购限量等方法，让大众真正辨识博彩与赌博的本质区别，打消购彩者的认识偏差。宣传功效功不可没，还要坚持不懈。

营销是彩票销售管理的核心。重视营销理论、营销策略、营销方法的研究，必将提升营销。

（本文刊发于 2022 年 10 月《中国体彩》）

门店营销“五步法”

门店营销，销售员是销售主体。销售员的销售方法、销售技能在销售中起决定性作用。

一、认知销售的循序渐进

销售是一门学问，有许多原理、方法、技巧。销售过程是一个渐进过程，可分为“五步”：

第一步，寻找阶段。主要是找客户，包括研究客户、细分客户、寻找客户、锁定客户。找到意向客户手机号、微信等，通过电话、微信等方式建立沟通和联系。

第二步，准备阶段。在与客户沟通或拜访之前要做好充分准备。理解“准备”的实质，对自己销售产品的相关信息了如指掌，能够灵活运用所学的知识、技能来促进销售。

第三步，介绍阶段。熟练介绍产品特性、特色、价格等基本信息。了解用户的购买动机、习惯和趣味点。

第四步，说服阶段。吸引客户注意，激发客户兴趣，让“需求”和“能实现目标”的想法进入客户的头脑，引起购买欲望，唤起客户对所售品的渴望和期待。

第五步，成交阶段。客户在权衡时，当“买”的欲望占优势，就会决定购买。权衡过程是“临门一脚”前的比对，销售员把握好这个关键，就能做一个主宰权衡过程的“收款员”。

二、体彩门店营销“五步法”

体彩营销有许多方法。笔者根据多年研究，认为切合实际的营销大致有“五步法”：让人知、让人来、让人买、让人爱、让人带。对应的做法是提高“五率”：知晓率、进店率、成交率、续购率、“回头”率。其中，让人进店是门店营销宣传的核心。

让人知 销售的前提是要让人知。让人知晓产品属性、特点，知晓游戏玩法，知晓体彩店的位置。门店在做好店内基础工作的同时，要重视宣传公益体彩，提高品牌的知晓度，可主动去周边上门推介。我见到不少店主只要有空，就去周边小区的广告栏上推销体彩大乐透、排列 3 等。

门店的外围营销主要依靠市、县体彩销售机构。销售机构按职责加强户外和网络宣传，指导门店老店新开或在新店开业时通过开业典礼等方式提高知晓率。

让人来 让顾客进店是销售机构和门店的工作重点，是销售中最关键的一步。通过有效宣传，设法吸引潜在的购彩者进店。门店要做好购彩者进店的准备工作，比如整洁的店面，清爽的物品展示、中奖展示，物件摆放整齐，走势图和奖池及时更新，备好茶水，方便购彩者购彩，让购彩者在舒服的环境中多逗留。顾客能进店是对门店宣传工作的肯定，销售员切勿大意而慢待。

让人买 新客进店，大多是之前了解到一些体彩信息，但对玩法还未完全掌握，买什么、买多少，销售员的引导很重要。销售员在与顾客交谈中要很快把准购彩者的购彩动机和需求，据此而主动介绍，在新客户犹豫不决时促成购彩。

一直以来，体彩倡导多人少买、量力购彩。销售员要依规帮助客户树立正确的购彩观，善于倾听购彩者的购彩感受、诉求，尽可能多地了解客户信息和需求。

让人爱 激发客户购彩兴趣，让客户把购彩视为一种难舍的爱好，这是成功销售的最佳境界。与客户建立密切关系，需要用心做些“功课”。我见过许多门店的业主给购彩者建立了电子档案，在购彩者过生日时发去祝福的信息。建立微信群、QQ 群，及时告知促销或中奖信息。我也见过不少销售员跟购彩者成为好朋友，除了交流购彩感受，还交谈经济、政治、军事的话题，甚至午餐互订盒饭。许多购彩者把彩票店作为一个爱去消遣的社交点。可见，与客户建立良好关系，能让客户“爱屋及乌”。

让人带 新客户源源不断是门店营销成功的标志。老顾客经常光临，还能带来新顾客，这对门店经营来说是一件莫大的好事。招待好新老顾客，既是门店的生意经，也是门店的生存之本。有的店对老顾客带来新顾客及时给予奖励，赠送体验券。

三、销售能手需要把握的销售法则

我到店调研时，遇到许多很会营销的业主、销售员。他们的营销技巧和生意经让我非常佩服。我跟他们交流一些营销理念，努力把感性经验上升到理性高度。销售员有必要掌握一些营销法则。这里给出几点参考：

第一，卖产品永远是先“卖”自己（卖口碑）。客户信任你和相信你的品牌，才会买你的产品。

第二，真正的销售不是卖了产品就结束，而是从成交之后开始。营销的更高境界是让客户持续进店。

第三，留住老客户，重在交友。真正的销售不是纯粹的买卖关系，而是像朋友一样开心地交流，给予帮助，愉快地沟通和体验，从而实现“你刚好需要，我正好专业”。

第四，做销售要善于主动。主动思考，主动学习，博采众长，熟能生巧。

第五，专注才能专业。专注才能放大价值，干一行就得专一行、精一行，行行出状元。

研究销售、驾驭销售，会在快乐中实现价值，促进门店旺盛销售。

（本文刊发于2022年11月《中国体彩报》）

我和业主拉家常

我很关注门店的生存状况和销售情况。我喜欢和业主销售员谈心，因为坐下来聊天能了解很多真情，听到许多心里话，给我诸多启发。给我印象较深的有三个门店。

第一个门店是坐落在郊区的一家竞彩店，新开张不久，周边多是新入住的拆迁户。我问业主的生意怎样，他告诉我，这里的人忙忙碌碌，早出晚归多，进店人偏少，购彩量不大。平均月销量不到 4 万元，我感觉这家店生存在贫困线下。业主跟我诉苦，讲了一大堆话，主要是好多人没留意这里有家竞彩店，路过的人也很少进店，进店购彩者在店里坐下来的时间都不长。

店主愁容满面。我问他知道生意难做的原因吗？他说，就是购彩者太少了。我说，这是症结所在，也是解决问题的方法所在。你把所讲的问题解决了，生意必然好起来。首先要提高知晓度。变被动为主动，不要坐等客人上门。我把别的店的一些做法告诉他：送些体验券给周边花店、烟酒店的老板、销售员，请他们有空进店体验；主动到小区宣传栏张贴宣传画；在手机微信群上告诉亲朋好友；请求分中心帮助宣传。其次是客人进店如何待客。这里有很多生意经。有的店给经常进店的购彩者单独准备了茶杯，杯盖上写上姓和手机号后四位号码，准备了瓜子、糖果之类的小吃，让客人进店有在家之感。我还告诉业主，新开店一定要钻研业务，千万不要让来客觉得你业务不熟，而不愿跟你交流；要认真学习体彩销售的管理规定，依法售彩，不要因不懂法规而违规受处罚。业主听了觉得很受用，赶快加我微信，希望以后多指点。我说，这些建议和做法供你参考，你要举一反三，多动脑筋，多琢磨、多学习，不断反思、总结。主动，生意就一定会好起来。

第二个门店是个形象较好的竞彩店，坐落在市中心的小巷子里，生意不错，月均销量 20 多万元。我进店后，销售员正在玩手机，没有理睬我。我问销售员月工资多少，有没有销量提成奖，销售员说没有提成，工资交了社保，剩下不到 2000 元。我进店仔细观察，在和业主交谈后发现问题不少：销售员不稳定，两年换了 3 个。购彩者赊欠多。这些问题虽然不是体彩大面积出现的问题，但它确实存在，直接影响销售。

我问业主怎不提高销售员待遇，业主说："闹市区租金高，每年房租上涨许多，成本高，开支大。购彩者有好多是老朋友，我怕客人流失，所以赊欠多，又很难及时要回来。销售员没有责任心，不高兴就走人。"

销售员频繁更换是相当一部分门店的共性问题。门店留人确实不易，更换销售员就要重新培训，无形中浪费了人力、精力。销售员觉得收入与自己要求合适，业主待人好，有销量提成才会安心、才会积极帮业主销售。业主也要重视对销售员的管理。客人进店，销售员要热情服务。销售员不理人、不主动，门店就会减少销量。

百货商店没有赊欠一说。《彩票管理条例》规定购彩不得赊欠，但现实中，仍有赊账情况发生，因之发生不少纠纷。我看到很多门店做个"小本生意　请勿赊账"的小牌子放在终端机旁，坚决不赊账。

第三个门店是家体彩专营店。店面不大，但很干净整洁。桌上摆了一束鲜花。店门外的小架子上放了两只鸽子。我问业主为啥放上这些鸽子，业主说，过路人看到我放的鸽子，就会停下来看看。有的家长带着小朋友经过这里，小朋友听到鸽子叫声会好奇观看，大人抬头一看是体彩店，就可能进店。客人进店，我都会热情接待。有不少人都会开心地买几注彩票。原来，是用鸽子来吸引客户。我很佩服业主的用心和主动营销。

这家门店有个独特做法是：在放饮料的架子边放置一个零钱箱，顾客买饮料自己付钱，放多放少，店主不过问，体现了店主与顾客的相互信任。

聊天中，业主告诉我，每天开店时间太长。早晨八点多到店，晚上十点多才能回家，有时更迟。起早贪黑，顾不上家。有时要带病上岗，周末也难得休息。体彩销售工作真是“白加黑”“五加二”。

我深知，开体彩店真不容易。销售管理机构要充分体谅这些难处，多到门店做好指导、服务、帮扶，主动传授生意经，让门店代销者掌握营销技巧、善于经营。

（本文刊发于 2022 年 10 月《中国体彩报》）

门店销售的生意经

我到过不少体彩店，常问销售员有哪些生意经，他们讲述的一些实例给我很多启发。我很欣赏那些优秀销售员的营销技巧和别出心裁的做法。在此作个概述，希望能给门店销售提供参考。

一、诚实守信才是经营之本

记得刚到体彩中心工作不久，就听到安徽省芜湖市体彩销售员“王孬子”的故事——王声林售彩不昧500万元大奖。2004年，门店业主王声林帮人代买彩票，中奖500万后，他通知中奖者到店拿中奖票。原来，距离安徽体彩04053期7星彩截止销售还剩10分钟，王声林突然想到一位“铁杆彩民”王某还没买彩票。一通电话后，对方告知王声林有事来不了，嘱托他帮忙代买100元的彩票。开奖后，王声林代买的机选一注“5049952”彩票喜中500万元！

王声林曾是繁昌县荻港镇的一名下岗工人，开煤窑欠款40多万，急需还债。如果王声林把中奖号码说成自己买的，对方也不会察觉。不少人都说王声林是“傻子”，但都打心底里佩服这个坚守诚信的汉子。王声林在500万元大奖的诱惑面前能坚守底线，难能可贵。随着王声林好名声不断传播，他的生意越来越好，有不少外地人专程来到他的小店买彩票。2007年，他获得首届“安徽省道德模范”提名奖；2008年，当选为北京奥运会火炬传递手。这是体彩给我上的第一课，感人而难忘。

安徽省安庆市一位购彩者周先生在体彩业主胡先生的门店购买了两张第19032期超级大乐透。开奖当晚，业主胡先生发现周先生前期购买的彩票中奖了，但周先生忘记拿走彩票，业主及时通知周先生来店领回中奖票。由于两张彩票购彩时间太近，周先生误以为只有一张彩票中了奖，粗心地将另一张彩票遗漏在店内。业主在整理中奖报表时发现这张 147 万奖金的中奖票仍然“躺”在抽屉里，立即告知周先生快来店内取走中奖票。业主胡先生凭借诚实守信和热情周到的服务，获得 2020 年“体彩追梦人”荣誉称号。

诚信是人际交往的前提，更是经营生意的基石。那些体彩店生意之所以长盛不衰，是因为代销者始终坚守契约信用，从而赢得信任和尊重，赢得更多的回头客和新购彩者。

二、用心服务就能赢得顾客

销售圈里有一句话：“一流的销售是卖自己，二流的销售是卖服务，三流的销售才是卖产品”。“卖自己”就是“卖”技能、“卖”口碑。

购彩者进店，看到的、听到的都很舒服，就会有好心情，从而增强购买欲。笔者曾经到过九华山下贵池区的一家体彩店，业主用直尺连接大乐透开奖号码，前区 01－35 用蓝色标记，后区 01－12 用红色标记，走势图成为悦人的“观赏画”。店里的销售柜、桌椅等摆放齐整，中奖彩票贴得错落有致。门旁放了三把颜色不同的伞，以便顾客雨天使用。小盒子里装着糖果、瓜子，店里播放好听的音乐，店员服务细心周到。该门店尽其所能地为购彩者提供个性化优质服务，让人舒适购彩。

给我印象很深的一件事是在一个门店遇到一位 78 岁的老太太。她是一位资深的购彩者，到店里一待就是很长时间。交谈中得知，多年前，她只是体彩店的过客。有一天，她在路过这家体彩店不远处摔了一跤，路人不敢扶她。这家体彩店的业主闻讯上前察看，不假思索地扶起老人进店休息，端茶倒水，像对待自家亲人一样。见老人已无大碍，业主帮她联系家人。老太太十分感动，此后经常来店坐坐，看到别人谈彩票、买彩票，看看店里的体彩公益宣传，觉得买彩票不光是图个乐子，还能做善事，不经意间就对体彩有了兴趣。她进店只买 10 元彩票，权当娱乐和消遣。久而久之，体彩店成了她经常驻足的一个好去处。业主的助人为乐为自己赢得好名声，还发展了一位购彩者。

营造良好的购彩环境和氛围，优质服务，助人为乐，都会赢得顾客的赞赏，提高门店的知名度、美誉度。

三、敬业守法才能留住顾客

优秀的门店都有一个共同的特点——敬业和专注。他们在平时销售中坚定地按照上级主管部门的要求认真执行。六安市有个门店的业主销售彩票十几年，严格执行体彩中心规定的作息时间，像百货大楼工作人员那样，准时上下班。一早到店，打扫卫生，完善走势图开奖号码和奖池更新，备好选号纸、笔，工作一丝不苟。他把售彩当成事业来做。

他有两个装订整齐的本子。一本用来收集开店以来的中奖彩票（按产品分类，写上购彩者的姓和手机号后两位数）；另一本是购彩者信息统计表（建立档案），有姓名、生日、手机号、爱好，还有经常购彩的品种等。平时，顾客进店，他热情迎接，主动添加对方微信，留存手机号码，征得同意后拉入微信群。此后，及时告知开奖信息、中奖情况、营销活动等；节假日发微信问候，与顾客建立密切联系。

许多专管员告诉我，经过多年培训和指导，绝大多数代销者都很敬业守规。

有位代销者王女士下岗后在一家文具店上班。有一次，隔壁彩票店的业主因外出创业要退机，王女士得知后便申请接下这家体彩店。从此以后，王女士非常敬业，辛勤守护，从未因年龄偏大而不参加学习培训，更不会因为其他原因随意关门。她对这份来之不易的工作充满热情和执着。开店 5 年来，她只请过半天假，去参加一位购彩者儿子的婚礼。她说："我可以不到现场，但挣钱不是唯一的，重要的是维护好客户和获得客户的好口碑。"该门店的各项工作做得非常到位，每次省、市中心及第三方检查，该门店都能得高分，在当地是一家知名的体彩示范店。

敬业，需要守法。依法合规是彩票销售的前提和基础。引导购彩者合理投注十分必要。有一次，我在马鞍山市看到一个竞彩店拥有多个购彩"大户"。该店购彩者一次购彩超过 200 元，业主就友善提醒，要理性购彩，引导购彩者不要盲目投注。该业主非常用心研究彩票，业务精通，能针对不同购彩者的爱好，探讨相应的游戏投注方式。特别是对待新客户，业主耐心讲解游戏规则和购彩技巧，让他们从中感受购彩乐趣，丰富购彩体验。该业主一心想购彩者所想，真情待客，购彩者一直紧随其后，不离不弃。

四、善于交友享受购彩快乐

营销学中有一句经典：成交只是销售的开始。

我在和销售员交谈中，得知销售好的门店都有一个好的做法，就是代销者跟顾客交友——成为谈得来的好朋友，如同“跟群众打成一片”一样，不仅谈论购彩心得，而且畅谈彩票之外的东西。我在现场还听到一些顾客给业主提出改进销售的建议。

有位业主很会跟顾客沟通，他主动跟顾客拉家常。得知有位顾客最近生意受挫，内心苦闷，业主就耐心听顾客倾诉。了解缘由后，他帮顾客分析原因和症结，给出建议。顾客觉得很有道理，心中豁然开朗。此后，他们成了好朋友，顾客也成了老客户。

有位体彩店业主得知她的一位购彩者开了百货商场。第一天开业时，门店业主一大早就赶去祝贺。离开门还有半小时，看到商场店员都在搞卫生，她捋起袖子和店员一起干。稍后过来的购彩者（商场老板）看到她满头大汗，非常感动。其后，这位老板成了该门店的常客。

我见过有些门店进进出出的人较多，洋溢着喜气，一派热闹的场景。询问业主有哪些秘诀，有位业主告诉我：“卖彩票千万不能只做‘一锤子’买卖。与客户没什么交流，客户买票后就走人，这种纯粹的买卖关系，绝不是我的待客之道。要重视与客户交友，让自己融入更大的社交圈。”没事的时候，该业主会组织多种形式的小聚会，让朋友带朋友来店下棋、喝茶、聊天、听音乐，社交圈比以前扩大好几倍。闲暇时注意学习和积累，与时俱进、跟上时代，跟朋友聊天就会有很多话题。有空就下载好听的音乐，多些文化储备，让脑袋有“新货”。新茶上市，就会买一些茶叶邀请朋友来店品尝，端午节会买一些粽子、中秋节会买一些月饼、春节会买一些小礼品赠送顾客，与客户保持友好联系。这位业主对待朋友很真诚，不欺骗，在他的朋友圈和周边都有好口碑。

想把彩票卖好，就要注重与客户交流、交心。跟客户做朋友，远胜于单纯的销售与被销售的关系，这种友好关系会促使客户更加稳定、可靠。

五、用心用情掌握销售诀窍

有位销售员告诉我，她有一次遇到一位购彩者掏出 10 元，只买了 4 注，要找回 2 元。销售员想，为何不买 5 注呢？难道是要节省 2 元？我一定要让他愉快地再买 2 元，来挑战一下我的营销水平。于是，她热情与购彩者聊起饮水健康和体彩游戏，介绍顶呱刮新票，享受一下即买即刮即中即兑的乐趣……店员说得用心，客户听得开心。最终，该购彩者续购了 10 元即开票，在现场还刮中了小奖，皆大欢喜。

有位业主李女士，收藏一本特殊的“客户台账”，里面记录客户的兴趣、性格、投注偏好、购彩心得等。通过这些记录，可以锁定“目标”客户。比如老王是大乐透的忠实客户，喜欢研究大乐透中奖号码，业主就和他一起研究大乐透，每期按时给他推送电子走势图供参考。大乐透有促销活动，业主就会第一时间通知他。这家门店大乐透期销量均在 2600 元左右。促销活动期间，大乐透期销量保持在 4000 多元。通过交谈，了解到该业主的营销“秘诀”是在大乐透临近开奖前两小时，根据平日收集的购彩者购彩爱好、经济实力等，有针对性地对目标客户进行文字、图片一对一推送，并立即回复客户信息。第一轮推送下来，十个人中会有四五个人表示购彩。第二轮推送下来，又多了一些人。加之其微信好友多，一期下来，销量在原有基础上会多出上千元。

小李是资深球迷，每逢重要赛事，该业主李女士都会第一时间推送给他。世界杯、欧洲杯等重大赛事到来时，业主会邀请小李等球迷进店一起看球。有些客户，会选择用自己的生日当作 7 星彩号码，业主就立即记下来，按时提醒守号。李女士拿着“客户台账”如数家珍，这些个性化的服务让客户感到贴心、暖心，也正是因为这样的细心、耐心，换来了客户的信赖，获得了稳定的客源。

销售的诀窍就是要找准客户的需求点。“点”的突破就是销量的突破。

六、创新求变就能不断提高

门店布置、销售规定大多相同，有什么值得创新？怎么创新？不少销售员的创新做法令我如获至宝。

我和一位业主谈心，他告诉我有个近邻体彩店周边居民情况跟他店的情况差不多，但是月销量是他门店的两倍。他绞尽脑汁想知道原因，就去请教专管员。专管员告诉他：你的观念落后了，销售方法单一，发展新客户的方法简单，需要“充电”、补“短板”。

落后的销售观念和方法是制约销售的主要瓶颈。悟到这些问题后，该业主决定从改变销售观念入手，先是打听本地区销售好的门店，他上门以购彩者身份与销售员交谈，然后通过分中心联系，自费到外省优秀门店去取经。花了学费，就想方设法提高销售技能。该业主“取经”回来后，将门店重新规划、重新装修、重新布局，老店新开，把主要精力放在扩大客户群体上。业主购买许多小礼品，线上线下全面推广：给进店客户赠送礼品；每周设立五个“最佳到店奖”，奖励一周到店次数最多的购彩者；建立客户群，定期在群里抽奖，通过多样化、多渠道营销来提高顾客进店率。以前，业主认为“爆炸贴”、荧光板、当日重点赛事提示等宣传对销量的提升没有多大作用，通过到外地学习和反思，销售理念、方法发生了质的变化，纠正以前的错误，高度重视营销和宣传，生意很快变好了。

对彩票门店来说，代销者任何停滞观望、消极懈怠都会落伍掉队。求变、改进就要敢于正视自己、取长补短。该店的根本变化是业主解放思想、转变观念。

有家体彩店开业初期销量不大，超级大乐透一期卖不到 500 元。代销者承受每个月 3000 元的房租和水电费压力，但他没有气馁，积极寻找出路，利用自己身边的各种资源，想方设法去提高门店知晓度。他反思、琢磨，以虚心求教的态度频繁与区域内、外省市销售好的同行交流，积极主动地参加各种业务培训，点滴积累，收获满满。最为经典的做法是，他找到三四个朋友开的龙虾烧烤店来帮助门店推广、“拉新”。与以前做法完全不一样的是重新制订营销方案：在他朋友龙虾烧烤店消费达到 128 元、268 元、388 元、588 元的客户，凭消费小票到他店内换取 2 元、5 元、10 元、15 元金额不等的彩票，费用由他朋友先结算。随后，该门店又推出第二种“拉新”方式：凡朋友圈转发自己门店位置、门店照片及联系电话，点赞人数达到 18 人、38 人、58 人、88 人的，凭截图到店兑换不等金额的彩票。在此基础上，针对添加微信、留下联系方式的客户再额外奖励 2 元彩票。

该门店经过一段时间的营销推广，销量、客户和人气都得到了很大的提升。现在，该门店每个月的销量在 25 万元左右。

“破”则“立”，用心钻研，久久为功，就能走出新路。

（本文刊发于 2022 年 10 月《中国体彩报》）

门店形象之改进

体彩门店是国家彩票的代销站点，代表中国体育彩票的形象。门店形象体现在门面形象、环境设施、购彩氛围、服务质量、门店声誉（口碑）等几个方面。门店形象直接影响销量和销售。

在总局体彩中心统一门店建设的进程中，绝大多数门店按标准建设，得到了提档升级，焕然一新，赏心悦目，但有些门店还存在不少问题，需要重视并改进。

门面形象 没有按照总局体彩中心统一要求制作，自搞一套，随意放大字号，更换字体，变换色彩。有的门店门头陈旧、褪色，店招还有些歪斜。有的店开在小巷子里，写上“阿×彩票店”，上面还挂着“阿×烟酒店”的招牌。有的店玻璃门上贴着很大的“彩票”字样。有的店门头电子屏一直不亮，或电子屏随意播放非彩票信息，或走字太快，让人看了不舒服。有的店，门内脏乱差，门外乱停车辆，进店不畅。

环境设施 有的店屋顶蜘蛛网相连；店内烟雾缭绕，烟头、瓜子壳遍地，难以下脚；桌子上灰尘长时间不擦；地面湿滑，容易滑倒；空间狭窄，桌椅破旧；销售柜、宣传栏摆放零乱；宣传条幅、宣传栏上宣传语早已过时却没有及时更新；随意制作提示语、提示牌；机器老化，反应慢，网速慢；故障修复不及时。有的店为节约电费，严寒或酷热时很少开空调。有的店隔壁是五金修理店，切割噪音刺耳，客人无法忍受，不愿意逗留。

店内氛围 进店人少，销售员与购彩者没什么沟通。购彩者待店时间很短。有的店因赊欠发生纠纷，业主或店员与进店人员有争吵。有的店员天热时穿背心，甚至光着膀子，让进店的女顾客避而远之。有的店店内堆放杂物，通风差，有霉味，卫生间气味难闻。

服务质量 客人进店，销售员埋头玩手机不理人；或店员自顾自长时间打电话，影响购彩者的心情；销售员业务不熟，所问不能所答；人多时，手忙脚乱，不时出错，影响购彩进度；有的店没有卫生间，购彩者如厕要去较远的地方。

门店口碑 业主与周边店主、邻居、购彩者关系不和睦，业主或销售员跟购彩者发生过争执。业主很少与外界交往，朋友少。顾客进店购票后就走人，彼此沟通不够，门店知晓度、信任度不高。

究其原因，主要有以下几个方面：

重视不够 业主对彩票店行规和标准化要求认识不清、不准；对门店形象的重要性认识不高，认为开个店只要能卖彩票就够了，搞那么复杂干吗；受不了那么多约束，天马行空，自以为是，自行其是。

管理不善 销售机构疏于门店管理，对门店形象标准化建设，事先要求不全、不严，事中监管不力、不到位，事后马虎验收、得过且过。

整改不力 专管员指出了门店的问题，但业主销售员就是不当回事，听之任之。管理机构没有处罚规定可依，导致不能罚而改正。有的门店在专管员指正后知道错误之处，但门面已建好，拆了要多花钱，就是推拖不改。对门店出现的问题，业主主动改进意识差，良好的经营习惯没有养成。

改进和提升门店形象看似简单，却非一日之功，要合力而为。

作为销售机构，对门头店招制作要统一标准、统一形象、绝不走样，对门店管理要严格按照标准执行。前几年，体彩实行门店等级评审，大大促进了门店形象的改进和提升，此举需要坚持不懈。早些年，总局体彩中心和有些省市体彩中心聘用第三方人员到店暗访，反馈改进，收到较好成效。管理机构对专管员要严格要求，把巡店管理列入月度工作考核内容，与绩效挂钩。

作为管理者，专管员要设法帮助业主转变观念，树立“形象高于生命，责任重于泰山”的理念，高度重视门店形象在销售中的重要性和必要性，按照总局体彩中心印发的门店建设标准和要求严格把关。专管员要主动到店指导，定期和不定期到店检查、巡查、抽查，发现问题，立即整改。依规管理就要理直气壮，不可失之松、失之软。

作为代销者，要把门面形象当作个人形象一样高度重视，依法依规经营，服从管理，自觉保持店招合标、店面整洁。与购彩者建立良好关系。重视提高销售技能，熟悉业务，热情待客，服务周到。

做事先做人，开店先树形。形象好、口碑好，才会生意好。

试想，彩票店店招大方、店堂漂亮、店面清爽、店员热情，购彩者在这样的良好环境下购彩，一定会心情舒畅。

（本文刊发于 2022 年 11 月《中国体彩报》）

道不尽的“门店扶贫”

在一些地区，贫困门店（月销量不足 5 万元）的占比较大，门店生存难是制约体彩发展的瓶颈。做好实体店的“门店扶贫”工作十分必要，又非常重要。

一、贫困门店的表现

不主动销售　大多是“哑巴”销售——销售员不愿讲、不会讲、不主动讲。

不愿做“功课”　即开票展示不到位，或者只摆放一两本票做做样子。不按时对外公告奖池，不及时更新走势图上的中奖号码，或者时写时不写，最后干脆不写。竞猜赛事公告不及时、不齐全。总之，很难达到体彩销售机构对门店的标准化要求。

不重视宣传　不愿张贴宣传画、海报等。有的促销活动结束多日，宣传海报、条幅依旧不撤下。店内宣传栏、门头电子显示屏宣传信息不及时更新。宣传只在店内“打转转”。

不服从管理　对专管员指出的门店问题置若罔闻或敷衍了事，有的甚至公开顶撞。

不参加培训　培训不到场，或找人顶替。

不正常营业　晚开门，早打烊；中途经常关门，或者有事关门好几天。

不专心经营　不关心体彩中心开展的活动，不愿推销产品游戏；原为专营店，后变成百货店或棋牌室兼营彩票，卖彩票成为次要工作；有的门店开店纯粹是赚点额外收入，能卖多少是多少，进店人少，听之任之，随时准备退机。

二、门店致贫的原因

门店致贫的原因有很多，点（位置）没选好，人（销售员）没卖好是主要原因，此外还有营销、管理等原因。

选址问题 为了省房租，选择偏僻之地或人流量较少之处开店。或者虽选在人多处，但进店购彩者很少。

人员问题 业主给销售员的待遇低，奖励不高。销售员没有积极性，不当作长久之业。有的销售员只是把销售彩票作为跳板，随时准备走人。

能力问题 销售员业务知识、营销技巧欠缺，不能胜任工作；不能及时、准确地解答购彩者的提问；不会跟购彩者交流。

态度问题 顾客进店，销售员不理睬，服务不热情，甚至不耐烦。

信心问题 业主对彩票行业不甚了解，盲目开店，销量不高就感觉前景茫然，缺乏信心、进取心，对彩票经营兴趣不大。

环境问题 有些门店环境脏乱差，无购彩者落座之处，空气流通不畅等，造成购彩者不愿在店多停留。

市场问题 有的门店不舍得投资、不注重店外宣传，不把本店地址、游戏宣传出去，坐等购彩者上门（“靠天收”）。有的乡镇门店因很多年轻人外出务工，留守的老弱妇孺不知彩票。

三、门店扶贫的方法

精准扶贫 门店致贫原因多种多样，需要摸清情况，因店制宜，区别对待：一要选好可帮扶的门店。深入门店，细致了解症结所在，并建立门店管理档案，梳理问题难点、重点。把具有一定资源优势、人脉关系好、基础较好、工作积极性较高的贫困门店列入首批扶贫重点；二要明确帮扶要点。专管员要搞清帮扶什么、怎么帮扶；三要选好对策。分类、分原因采取针对性办法，对症下药。可以先易后难、循序渐进，边帮扶、边探索、边总结。

提能扶贫 贫困门店之所以贫困，一个重要原因是销售员只当打票员，销售技能不强。这样的贫困门店，销售机构要帮助、督促销售员转变观念，重视学习经营技巧，可以组织这些门店销售员开展业务知识擂台赛，让他们在互相学习中取长补短。

营销扶贫 有的销售员虽懂业务知识，但营销宣传能力不足，多是被动销售。这就需要从树立营销理念入手，加强宣传方法和营销技巧的培训。分中心要帮助门店在其周边（沿街、附近小区）进行宣传。门店要高度重视用好手机交友方式，增强门店的“存在感”、提高知晓度；不定期开展一些合适的促销，派送一些小礼品，让购彩者进店尝试购买。时间久了，自然会集聚人气、聚拢购彩者。

优化扶贫 门店环境差、服务差直接影响购彩者的购彩心情。专管员要督促门店端正态度，从优化环境入手，提供优质服务。门店只要积极改进，购彩者就会满意，比如整治好室内布局及内务卫生，优化室内环境，美化宣传物料的张贴，营造舒心的购彩氛围。

转换扶贫 有的门店起初选址不当，或者当时位置尚可，但由于拆迁、搬迁等导致购彩者变少，必须另找市口较好的位置开店。

并不是每个业主、销售员通过帮扶、提高业务水平就能卖好彩票。有的销售员早已“身在曹营心在汉”，工作漫不经心；有的业主“挂羊头卖狗肉”，不专心经营体彩；有的门店不讲诚信、不守体彩法规，损害了体彩利益。体彩销售机构对这样的门店就要断然处置，不换思想就换人。

政策扶贫 对有些新建门店、能够扶持的困难门店，体彩销售机构要给予一些政策帮扶，如送体验券、增设销量提升奖励（设定可望可及的销量目标，给予一定奖励）等，通过营宣政策帮扶、奖励帮扶等来提升销量。有的地区出台政策，从长久之计出发“拴心留人”，给销售时间较长的销售员买社保、送体检等，把销售员当成体彩销售团队的员工。

在政策帮扶中要注意做到：门店是主体，帮扶是主导。坚持帮扶不干预、统揽不包揽，充分发挥门店自主经营的积极作用。

增项扶贫 有的门店进店人少，购彩者购买力不足，可以选择合适的兼营业务，通过增加一些服务项目维持生存，比如增加文印、手机销售、代交水电费等。如果因此而造成店内杂乱，影响体彩销售，则不宜兼营。当然，兼营店不能兼而不营（体彩），那样的兼营店最终要倒闭。

示范扶贫 及时发现和总结一些门店在精准扶贫、精准脱贫方面的有效做法，总结一批可操作、可复制、可推广的经验，供销售差的门店学习。带领销售差的门店到经营好的门店观摩，学到生意经，使贫困门店找到适合自己门店的经营方法。

创新扶贫 “人民是真正的英雄。”门店人多、点子多，业主销售员的智慧和力量总是强大的。发动门店自主创新是帮扶门店脱贫的重要途径。

门店扶贫的重点是使门店转变观念、变被动为主动，否则，一切工作都是枉然。拿专管员的真心服务换取门店的用心经营。帮扶贫困门店的切入点是搞清致贫原因，然后教会脱贫方法。“授人以鱼不如授人以渔”，扶贫的关键点是让其掌握脱贫技能。扶贫的落脚点是帮助贫困门店增强自身造血功能，让更多的人进店购彩。

（本文刊发于 2017 年《足球世界》）

门店纾困——开办培优班

体彩销量依靠实体店销售。由于诸多因素的影响，有相当一部分竞彩店生存压力加大。

一、主要想法

近几年，不少竞彩门店月销量在 5 万元左右，月收入不到 4000 元，去除房租水电，收入很低，基本上处于贫困状态。虽说是市场经济，门店自生自灭，体彩中心没有责任，但是业主难得开店、就业，如果经营不好就关门，经济损失大，负面影响也大。着力帮扶门店纾困是落实责任彩票的具体体现，与国家重视扶贫精神相一致，必然受到业主欢迎。

如何帮扶门店渡过难关？我们做了一次有益的尝试——开办竞彩培优班帮扶门店，用精选的培训师培训贫困门店，提升销售技能。这种方法如同在班级采用“抓两头促中间”：先培训“尖子生”，再用“尖子生”去帮助“后进生”，促进“中间生”赶超，从而使整体水平提升。

二、主要做法

1. 做好“四选”

选培训“导师” 在全省精选 20 名（各市 1～2 名）优秀门店业主或销售员作为培训导师（以下简称导师），省中心将导师集中培训，作为“种子”导师。

选培训内容 竞彩培训内容主要是总局体彩中心的新规、新规下的营销技巧、销售经验传授、如何变被动销售为主动营销、如何优化门店环境和提供优质服务等。

选培训课件 通过自制课件、个人讲解、互相评议，择优课件分组讨论等，不断改进课件，确定相对成熟的课件为全省共享。

选培训门店 由于精力有限、初步尝试、缺少经验，初期不在全省大面积实行，而是分期、分批、分级进行。各县区按比例、按门店积极性、贫困程度等，选择待帮扶的贫困门店。

2. 办好培优班

省中心培训过的导师分别回到本市，给县区选择的优秀业主、销售员进行集中培训，复制省中心的培训做法。把县区推荐的优秀业主或销售员作为导师，再给本地区选择的贫困门店业主或销售员（简称学员）进行针对性培训、帮扶。

各地区情况和各门店问题不尽相同，有共性也有个性。培训要结合区域特点和贫困门店的具体情况区别对待。理清帮扶门店急需解决的主要问题，明确解决问题的目标任务、思路和办法，结合问题制定相应的帮扶策略和方案，注重解决问题的针对性、可操作性，让培训更加接“地气”。

半年中，省市县开办三期培优班，共开设 190 个培优班，覆盖门店 1500 多个。

3. 做好经验交流

在培优班开办过程中，重视学员相互学习和提高，发现问题，及时调整思路与方法，不断纠偏纠错。搭建交流平台，认真总结经验。

异店交流。一个县区的帮扶导师每半月互通情况。帮扶的贫困门店每月底交流培训小结，分享总结的小方法、小技巧。

异地交流。组织跨市、跨县区交流。到实体店考察帮扶门店的主要做法和取得的成效，座谈、分析、互评。

异群交流。门店大多建立微信群、QQ 群，在专管员协调下，有针对性地把几个相关的群联群，业主和销售员在群里晒单、交流经验和心得体会。

4. 用好奖励杠杆

门店的培训导师既要打理好本店生意，又要去帮扶他店，付出的精力、做出的奉献是巨大的。付出的劳动要给予补偿，帮扶取得的实效要给予肯定和奖励，给予培训导师激励会增强其动力，这样的做法才得以持续。

奖励要依规进行。省中心的经费多实行预算管理，拿出奖励经费要依据政策，才能合规奖励到导师手上。在当前严格预算管理的要求下，做好这项工作需要谨慎从事。根据上级有关规定，我们制定了《关于开展培优班奖励的通知》和《关于全省竞彩门店提质工作的通知》，给取得一定效果的培优班导师和学员（贫困门店的业主或销售员）相应的奖励，以调动积极性，促进优、差共进。

每月统计、考核，按奖励办法及时发放奖励。奖励标准分省、市、县三级，按培优班帮扶门店月均销量环比增幅、超过全市或县区门店月均销量增幅给予相应奖励。环比增幅超过全市门店平均增幅的门店也给予奖励。主要奖励培训班的导师和被帮扶的学员。给导师、学员的奖励也就是给门店的奖励。

三、主要成效

通过门店培优、帮扶，四个月内全省月均销量 5 万元以下的竞彩门店减少 187 个，全省排名后 10%的竞彩门店月均销量平均提高 39%。这种帮扶使门店的销量和质量明显提升，受到广大业主的高度赞同。

四、主要体会

“抓两头带中间”是行之有效的做法 采取培优班形式纾困主要是抓好“两头”（优、差）结对帮扶，互信互助，实际取得的成效激发了“中间”门店去转变观念、努力提高营销技能。

纾困要注重输智 这种培训、帮扶，重在转变落后门店的落后思想，提振信心，引导他们去主动营销。

发挥辐射拉动效应 从点到线到面的帮扶，市与县形成了你追我赶、不甘落后的竞赛局面，促进了整体提升。开办竞彩培优班的做法可以复制到大乐透等游戏的培优。

开办竞彩培优班的出发点是为了帮扶门店，是纾困的一种有效做法。从实效总结来看，开办竞彩培优班需要精选专业导师，专门做帮扶工作；需要一定的预算奖励经费；需要群策群力，合力而为；需要统筹兼顾、坚持不懈。

以上这些尝试，目前还不够成熟，需要在今后的实践中不断改进。

（本文刊发于 2022 年 10 月《中国体彩报》）

第五章

体彩工作执行力探究

千招万招不执行都是虚招

——谈执行力要素

省体彩中心张主任发现单位员工执行力不强，决定从提高职工思想认识开始，努力加强体彩文化建设。他与办公室主任商量后，让秘书小王尽快买到《赢在执行》《给加西亚的信》等关于提高执行力的书籍，准备三天内发到员工手上。到了第三天下午，张主任还没见到这两本书，就问小王办得怎么样。小王告诉张主任："不好意思，因手上有个讲话稿要写，第二天才去，买书的路上堵车，只好返回。第三天上午，我在书店没有找到您指定的书，就买了一些管理方面的书籍。"随后，小王淡淡地说："领导，我觉得想要提高员工的执行力，不是光看几本书就能解决的。即便书买来了，职工看了，执行力也不见得会提高。"张主任心想，看来提高体彩工作的执行力问题，还真得要好好研究、认真抓一抓了。

我们从这个案例中看出，领导的意图和任务布置是明晰的。小王很辛苦，已经抽空去办理，虽没买到领导要的书，但也买了相关学习材料，似乎任务完成了，而从执行力来讲，小王的认识不到位，执行不及时，执行中遇难辄止，最后结果是没有达到领导的要求——买到指定的执行力方面的书籍，实际上没有执行力。

什么是执行力？如何提高执行力？对体彩事业发展来说，是一个值得研究、极具现实意义的课题。笔者将分系列话题浅析体彩工作执行力（简称体彩执行力），希望引起更多的关注。

一、执行力的内涵（“三个关键”）

执行力是一个广受重视的研究课题。社会学、管理学、营销学等从不同角度均对此有研究。

通用公司总裁杰克·韦尔奇在《赢》一书中提出，执行力就是“步步到位”“步步正确”，执行力如何，要看能否做到“三保”：保时、保质、保量。戴尔公司董事长迈克尔·戴尔的观点是：执行力就是确保每一个阶段、每一个环节都能一丝不苟地执行。

管理学家认为，执行力是一个界定任务、设定目标、实现目标的动态过程，在这个动态过程中评价界定的任务目标达成的程度被称为执行力。执行力包含完成任务的意愿、能力、程度和效果。执行力还涵盖单位不同层级之间的一致性。下属要对上级的想法进行充分理解和分析，保证下属和上级在想法、行动上的一致性，从而顺利完成任务。个人的执行力可表现为办事速度，对问题与事情分析的深度和广度，掌握事物发展规律之后解决问题的正确程度。

概括地说，执行力指的是贯彻战略意图、完成预定目标的操作能力及产生的效果。执行力是企业竞争力的核心，是把企业战略、规划转化成为效益和成果的关键。从执行能力看：对个人而言，执行能力就是办事能力；对团队而言，执行能力就是战斗力；对企业而言，执行能力就是赚钱的能力；对政府而言，执行能力就是执政能力。

执行力是确保企业成功的关键。《财富》杂志在调查中发现：企业做不好的原因大多不是因为战略本身不好，而是因为战略执行不好。东北有家大型国企，因为经营不善而破产，后来被国外一家财团收购。员工都在翘首盼望外方能带来先进的管理方法。出乎意料的是对方只派了几个人来，除了财务、管理、技术等要害部门的高级管理人员换成对方的人外，其他都没变。原有的战略、制度、员工、机器设备都没变。外方只有一个要求：把先前制定的战略和制度坚定不移地执行下去。不到一年，该企业就扭亏为盈了。外方管理的绝招是什么？是靠强有力的执行来推动战略的有效实施，是把口号化为行动！

管理学家汪中求在《细节决定成败》中写道："中国绝不缺少雄韬伟略的战略家，缺少的是精益求精的执行者，绝不缺少各类管理制度，缺少的是对战略、规章不折不扣的执行。"

执行力就是按照任务目标（有任务），去用力行动（有能力），最后完成任务（有结果）。

执行力的三个关键：任务、行动、结果。

二、执行力的"三要素"

从认识层面、行动层面和结果层面看，执行力最关键的三要素是态度、能力、到位。态度是前提，能力是关键，到位是结果。

执行力差，从认识上看，是不愿做、不想做；从能力上看，是不会做、做不好；从结果上看，是不到位、达不到目的。按照余世维博士的说法，执行力"就是按质按量地完成工作任务"。个人执行力的强弱取决于两个要素——工作态度和个人能力。

态度决定高度 人的行为受思想、意识支配，认识到位才会执行到位。能力再强，不愿干、不想干，不会有执行力。如本文开首所述，小王对待完成买书任务的态度是例行公事——该走的程序都走了（去了两次）；是完成差事——领导要求办的都去办了；是应付了事——差不多就行了（买些管理方面的书敷衍一下）。

态度决定高度，也决定执行的速度和力度。态度取决于认知度、价值观，取决于责任心、敬业心，取决于忠诚度、向心度。

能力决定程度 态度好，能力弱，执行力也不会强。有个县的专管员管理36个门店，她很注重研究门店业主销售员的性格、能力、生意经等，门店管得井井有条。而她邻县的专管员能力弱、方法不当，虽然只管理19个门店（小县），但门店管理不得法、比较乱，业主对其意见大、抱怨多。

到位才叫完成 工作执行中常出现"我做了""我尽力了""差不多了"的心态。在这种心态的影响下，工作往往很难到位。工作不到位是许多单位执行中的"病根子"，是众多管理者最头痛、最苦恼、最希望能够解决的问题。到位常有以下几个表现：

认识到位 树立保证完成任务、执行重在到位的观念。执行就要尽责，摒弃“差不多”的心态。执行不到位，不如不执行。

保障到位 打造一流团队，做到人才有保障。提供必要的经费，做到物质有保障。计划、安排得当，程序有保障。建立制度体系，管理有保障。

方法到位 思路、方法、举措越有针对性、操作性，执行就越能到位。不仅要敢干，还要会干、巧干。

奖罚到位 即便有好的制度、机制、方法，也不能完全保证工作可以执行到位。执行要到位，光靠员工自觉是不够的，还要有强有力的考核、奖罚措施，让执行者既有动力又有压力。考核制度是一个重要杠杆。奖要奖得及时、让人心动；罚要罚得心跳，有过一次就永远记住。

三、执行力的“三阶段”

领会任务 执行者对任务的领会往往有遗漏，解读有偏差，执行时自然不会到位。领导下达任务表述要简洁、明了、具体，让执行者听后能够明确何时何地何人做何事，甚至知晓关键环节、重点难点亮点所在。如果“一把手”只说明天下午开会，办公室主任就会一头雾水——议题是什么？具体时间地点？哪些人参会？会前要准备什么？讲清楚、搞清楚才能办会、开会。

控制过程 在执行中加强督察、监管以推动落实、改进，是必不可少的关键环节。工作中经常出现的现象是布置了并没落实，落实了也不到位。管理层疏于检查，以为传达了就是行动了，布置了就是落实了，从而出现“用会议落实会议，用文件落实文件，用通知落实通知”的现象。

追求结果 百米赛跑，如果只跑 99 米，就不能计为合格成绩。现实工作中，有时完成任务的落脚点与出发点相去甚远。有的任务距离完成总是差最后一公里，或是差最后一步。有的工作虽然做了，但没做好，没有百分之百地完成。所以，一定要树立“100－1＝0”的观念，注重最后结果是否真正、全面地达到。

常见的执行“打折”现象告诉我们：千讲万讲不行动都是瞎讲，千忙万忙不落实都是白忙，千招万招不执行都是虚招。

执行力问题不仅是一个战术层面上的问题，更是一个战略层面上的问题。它是一个系统工程。执行力影响体彩方方面面的工作，渗透到体彩战略、管理、文化等方面。

（本文刊发于2015年10月《中国体育报》）

执行咋就这么难

——谈执行难的表现及原因

专管员小王到销售员老李的体彩店检查工作，发现房梁下超级大乐透促销活动的吊旗已经过期，他当即要求取下，老李口头答应。过了两天，小王又到该店，发现还没取下。老李说没有梯子，本周内一定取下。周末，小王又来到这家门店，发现仍没取下。小王连声叹气，感觉这么简单的要求，门店为什么就做不到呢？

通过这个案例，我们不难看出，即便是一件简单的事，执行到位也并非易事。老李找理由不愿执行；小王虽然执行了上级检查要求，似乎尽职了，但是没解决问题，没见执行效果。

执行难，有多种表现，是由诸多原因造成的。

一、执行难的表现

不愿执行 对相关要求、指令推三阻四，有令不行、有禁不止；“你说你的，我干我的”，甚至对抗执行。有的部门之间、同事之间“踢皮球”，推诿扯皮。

被动执行 执行命令不主动，自觉性不强，工作拖拉；遇到困难不主动想办法，左顾右盼。

选择执行 政策内容只有部分被执行，而其余则被“遗忘”。有的“耍小聪明”，寻找政策“漏洞”，对上级指令、命令进行过滤，选择对自己有利的就执行。重要领导指示优先，集体决定靠后；强势部门的优先，其他部门的靠后；于己有利的优先，其他方面的靠后。

机械执行 照抄照搬，唯上唯书。执行中不认真思考和谋划，不能根据上级意图相机执行，而是机械地执行上级命令，事事服从上级、请示上级，唯长官意志办事。

错误执行 缺乏责任意识、服务意识、法制意识，不严格依照法律、制度、程序的规定执行。错误领会任务和要求，执行中思路不清，方法不当，措施不力。

越位执行 越过中间主管执行。事涉“三重一大”的执行，“炮打隔子”，显然是没按程序办事。

以上现象在体彩门店和体彩管理中或多或少发生。除了本文开首所述的案例，我们常见门店必做的超级大乐透“五个一”规范要求很难做到。究其原因，多是不想做、懒得做。也可能是门店销售员工作忙累，上级要求多而无法一一做到。

有的同志说：“问题出在前三排，根子还在主席台。”平心而论，基层工作繁多，操作层出现的执行力问题要先从决策层、管理层查找原因。

二、执行难的原因

执行难作为一种社会现象，其形成绝非一朝一夕，其成因也绝非一种，而是众多原因使然。

认识层面的原因 人的行动受思想、认识、观念支配，执行要付出精力财力。不愿执行的人总会找出一大堆理由：为什么要我做？我多干就会多出错而挨批评；干与不干一个样、干多干少一个样、干好干坏一个样，我干吗去执行？有的执行者还有心理障碍，如依赖心理、抵触心理、自我保全心理、得过且过心理等。

强大的执行力取决于个人强烈的敬业心、责任感。员工对从事的事业认知度不高，只把工作看作谋生的职业，对单位没有归属感，忠诚度低，执行力自然不强，只会简单地应付差事。

体彩销售属于代理销售，代销者与体彩销售机构并不存在隶属关系，需要通过多种途径增强销售员的责任心。

文化层面的原因 鲁迅先生说，“面子是中国精神的纲领”。中国传统文化讲究面子、人情第一。你好我好，尽量不得罪人。好人第一、制度第二。执行不力或差不多，讲讲关系、讲讲人情也就通过了。

我国传统文化深刻影响现有制度的刚性执行。子曰：“其身正，不令则行；其身不正，虽令不从。”把令的行与不行寄托在当权者的个人品行上，而非予以制度化的自觉执行。儒家思想经典名言：“刑不上大夫，礼不下庶人。”这些传统思想一定程度上影响了当权者，使其往往不遵守制度、藐视制度，自我超脱组织而存在。上行下效，以至于执行、执法中网开一面的现象层出不穷。有的单位，强势人物的言论就是绝对真理，人治高于法治，导致执行乏力。

精神、信仰诸文化要素是执行力之魂。有位知名学者说：“文化是植根于内心的修养，无须提醒的自觉，以约束为前提的自由，为别人着想的善良。”企业文化深刻影响着制度建设和执行力提高。一所名校必有校训，一个大企业必有思想沉淀。体彩，必有文化凝聚。

能力层面的原因 执行力需要一定的执行能力来完成。执行能力是一种把想法变成行动、把行动变成结果、保质保量完成任务的能力。执行力差，其重要原因之一是能力不足，缺乏经验和行之有效的办法、有力的措施。组织的战斗力，团队的合力，个人的专业能力都会影响执行的结果。

制度层面的原因 执行需要制度、流程、机制的管理来支撑。从制度层面看，有的制度体系没建立；有的制度缺乏细致、周密的论证，前瞻性、衔接性不够；有的制度缺乏稳定性，个别领导决策随意性大，朝令夕改，不带头执行制度。

执行层面的原因 缺乏执行氛围，主动执行意识淡薄。态度不端正，作风浮躁，逃避困难和责任。有的干部不能身先士卒、率先垂范。有的执行者对决策、任务缺乏高度认同，如体彩销售员对门店规范标准要求认识不到位，导致执行时“走样”，宣传品不能按要求使用或直接不用。执行过程中沟通不足或沟通障碍导致执行脱节。

决策的执行需要充足的经费、人力资源、信息资源以及权威资源。执行资源不足成为执行力提高的严重障碍。决策运行机制有缺陷，管理不善，管理者在执行准备、组织实施、统一指挥、协调配合等环节管理水平不高，制约了执行力水平的提高。

监督层面的原因 监督作用发挥不够，监督范围与监督责任不明确，决策评估环节欠缺；注重对结果的考核、忽视效果和结果的评估与运用，这些都很容易导致政策执行阶段的监督、控制和整改难以实现。以体彩为例，开展游戏营销活动结束后没有总结、没有效果评估，投入与产出、成本与效果无人问津，便是监督缺失的体现。

需要指出的是，执行的责任制不健全，缺乏一整套政策执行的标准、规范，缺乏科学的执行监督体系、绩效考评体系、责任追究制度、绩效奖惩制度，致使执行主观随意，对执行有偏差的责任人难以惩戒和制裁，都是监督不力的表征与内因。

近几年，体彩在销量高位上运行，需要更强大的执行力来支撑。对执行难的问题，我们要透过现象找根源，切实予以改进。毕竟，解决执行难的问题并非一役可成。

（本文刊发于 2015 年 10 月《中国体育报》）

忠诚高于一切

——谈执行态度

某省体彩中心招聘一名市分中心主任，综合考试前两名候选人都很优秀，省中心很难取舍，于是决定对其忠诚度进行测试。省中心主考人要求两位候选人在两天内把 900 份超级大乐透派奖宣传单分别送到门店基本相等的两个不同片区（给门店）。第三天，省中心主考人先后询问两位候选人送达情况。第一位说，都按时送到了。第二位说，整天都在跑，只送了 852 份。你认为选谁好呢？

省中心最后选择了第二位，理由是当地专管员在这两个片区送过类似宣传单，两天最多能送 886 份。主考人认为第二位的言行更为诚信。诚信是忠诚的核心要素，忠诚应作为选择体彩干部的重要标准。

体彩精神把诚信列为重要标准要求，选用人才自当首选忠诚、敬业、负责的干才。

一、忠诚高于一切

忠诚是宝贵的人品　忠诚是事业追求的核心价值，是当今社会稀缺而珍贵的品质标签。忠诚来自良好的人品和品格，是一个人的立身之本，是个人能力施展的基础。忠诚成为择友的标准，也成为单位选人、育人、用人、留人的重要标准。好人品已成为现代人职业晋升的敬业标杆、成功人生的坚实根基。

忠诚是种责任　把主动履行职责当作己任，忠诚才能赋予工作和生活更大的激情，才会有坚定的执行、有成效的执行。忠诚不谈条件，不讲回报。忠诚是一种义务，是一种责任。简单地说，忠诚的员工会把单位当成家庭，热爱团队，爱护集体，做出应有的贡献。

忠诚是种荣誉 众人公认你的忠诚，那就是对你莫大的褒奖。荣誉来自忠诚。为荣誉而工作，就会全力以赴、满腔热情地做事。为荣誉而工作，就是给单位以分忧，给上级以支持，给同事以帮助。为荣誉而工作，就是替他人着想，为购彩者着想，把自己最优异的工作成果奉献给社会。为荣誉而工作，就是完美地履行你的职责，展示你的才华，让尽职成为一种习惯。

忠诚高于能力 如果一个人没有在团队长期干下去的打算，给一份钱干一份事，这样的人能力再强也不可重用。想想是谁成就了今天的你？谁给予你工作学习和成长的机会？是组织给了你平台，是同事给予你配合，是购彩者给你创造业绩，是对手让你看到差距，是批评者让你趋向完美。

二、体彩需要忠诚

在职场中，倡导执行力、宣讲忠诚的案例当推《把信送给加西亚》。该书讲的是在美西战争期间，主人公罗文中尉接到总统命令后，不讲困难和条件，经历艰难险阻把信送给加西亚将军，完成了总统吩咐的任务。文中把送信变成了敬业、忠诚、负责的象征，变成一种忠于职守、赢得荣誉的象征。体彩事业的发展正是得益于大力倡行和培养了忠诚和敬业精神。

有坚定的执行态度 在执行到位的各种要素和要求中，第一要素是态度。最乐意听到、最能提神的一句话："保证完成任务！"这是红军和解放军接受任务和命令时最响亮的回答，表明了坚决执行命令的态度、保证完成任务的决心和承诺，意味着无论任务多难，不找借口，一定执行到位，让上级感到"我办事你放心"。这是非常难得的态度，也是团队强大凝聚力、战斗力的体现。

有领导的态度 从端正执行态度出发，员工要像领导那样敢于担责：这事我来办！具有这样的态度，源于忠诚。从执行的态度中可以看出你在单位的层次。有人概述为："这事我负责！"＝领导人；"这事我顶着！"＝顶梁柱；"这事我来做！"＝领导左右手；"这事我不会！"＝最基层员工；"这事没人教我"＝团队的拖累；"这事为什么要我做"＝团队的"寄生虫"；"这事不怪我"＝团队的落伍者。

体彩是我家　职工把体彩看作自己的家庭，就一定会有责任感、敬业心，就会自觉、自律。不是为了生计只是把体彩工作作为赚钱之需，而是作为一种高尚的公益事业无怨无悔地付出，这是一种很高的境界。它体现在：作为体彩大家庭的一员，为社会公益做出奉献、为自己挣得回报而感到自豪。职工主动关上单位“长明灯”；看到单位水龙头漏水，主动告诉相关部门赶快修好……看似简单之举，实则反映了职工从心底里把单位当成自己的家。

勇于担责　敢于担当、勇于负责是任何团队都需要和赞赏的精神。负责就是要具有较强的责任心：把每一件小事做好，一诺千金，不找借口，不把问题和困难的“皮球”踢走。

主动工作　主动是一种高尚的精神。一个积极主动的人会有一种强烈的意愿，做到事事不等人交代，从“要我做”到“我要做”，主动做一些“分外”事，先做后说或做了不说。上级要求一步，自己做到两步、三步。

三、注重培养体彩员工的忠诚度

重视思想教育　加强党性教育，发挥党组织和党员干部的先进作用。每个人都有思想观点，如何将其统一到共同目标任务下，形成共识，合力共进？党的建设、思想政治教育十分重要。有的单位忽视员工的心理诉求和对员工的思想文化教育，思想政治工作没到位，执行就难到位。可以通过开展丰富多彩的思想活动教育、职业操守教育，传递正能量，弘扬正气。

给予合理待遇　需要研究绩效分配、晋升通道、心理环境、工作氛围，采取行之有效的措施，给予员工做事的机会、成长的机会、发展的机会。

享受团队快乐　体彩文化建设中，文化教育和谈心活动是必不可少的重要内容。开展健康的文化活动和培养团队精神，必能增强员工归属感和快乐感。

有位知名专家研究，授予员工六个理念，笔者认为对体彩工作也同样有效：

授人以鱼：给员工生活之需；

授人以渔：教会员工做事的思路和方法；

授人以欲：激发员工上进的欲望，让员工树立实现梦想的目标；

授人以娱：把快乐带到工作中，让员工愉快工作；

授人以遇：创造成长、学习、发展的机遇，成就人生；

授人以誉：给予员工赞誉，让员工获得精神享受。

忠诚是人生最重要的品质，忠诚是体彩的灵魂。把忠诚作为体彩文化建设的重要抓手，必将有力地提升员工的忠诚度。

（本文刊发于2015年10月《中国体育报》）

想要挣钱　先要值钱

——谈执行能力

小李在县城开了一家体彩店，没过几天，他的懒散毛病开始暴露，专管员不来检查，宣传栏就不更新，门头电子屏不开，业务不熟也不用心学习，月销量不到 3 万元，一个月后就萌生退意，勉强撑了两个月就退机了。

孙大姐在原地接手后对进店购彩者和周边进行调查分析，主动做好店里的常规工作，积极参加市分中心各种培训。她还到其他体彩店学习生意经，营销能力和服务能力与日俱增，开店第一个月销量就达 4 万元，第二个月销量超过 7 万元。

从这个案例中不难看出，同一个地方开同一个体彩店，面对同样的困难，执行能力和付出不同，销售结果也不同。

一、体彩执行能力的主要表现

就体彩行业而言，决策层、管理层和操作层的执行能力各不相同。

领导决策层面的执行能力应有多谋善断的决策能力、知人善任的组织能力、运筹帷幄的指挥能力、顺应时代的创新能力、灵机处置的应变能力和打造精干团队的管理能力。主要具备：

谋划力　决策层的位置高屋建瓴，需要具备分析、研判的策划力，做好“顶层设计”。在充分调研后科学评估、超前谋划，制定出符合事物发展规律的行动计划、方案，为决策提供依据。

指挥力　具有高超的协调管控能力，善于交流、沟通，具有吸引人、感召人的指挥能力和领导魅力，充满正义感和责任感。出色的领导有指挥人的超常能力——就是“北斗星”“指南针”。

问责力 执行，需要对执行结果评估、对执行者约束。问责，主要是追究责任。问责不力或无人问责是执行力的薄弱环节。体彩执行中的问责对工作改进非常重要。在问责上要做到“三个不放过”：找不到具体责任人不放过，找不到问题的真正原因不放过，问题得不到解决不放过。

中层管理层面的执行能力应具有：

组织力 对资源、资金、人员进行合理分配，善于激励下属，协调组织、统筹安排。

管理力 以人为本，按照计划、制度去督促人员实施，对执行过程进行必要的检查、监督，发现问题及时纠错、整改、处理。

创新力 创新能力是各种实践活动中不断提供具有经济价值、社会价值、生态价值的新思想、新理论、新方法的能力。提出新见解、新办法，用创新解决难题。

基层操作层面的执行能力：

服从力 服从不是盲从，是真心服从、坚决执行、不打折扣、马上行动的能力。抱怨、讨价还价都会动摇执行的决心，使行动效果大打折扣。

沟通力 如果你不想面对大的麻烦，就要沟通，就要协调周围的一切。顺畅不会从天而降，它是沟通的结果。体彩专管员与销售员、销售员与购彩者主动、有效地沟通，把上级要求、安排落实到位，是销售终端制胜的关键。

营销力 有效开展市场经营销售活动的能力。遍布大街小巷、城镇乡村的门店是体彩的形象窗口，必须不遗余力地做体彩品牌的“吹鼓手”。门店的经营、管理、主动营销能力是门店赖以生存、发展的核心竞争力。

各个层次注重提高解决问题的思维能力，强于他人的总结能力、表达能力，谋划工作的方案制定能力，超强的自我调适能力，都有助于提高执行力。

二、体彩执行能力的提高

体彩个人执行能力的提高，需要做到：

勤奋钻研，提高学习力 能力的提高，是学出来的、教出来的、干出来的、逼出来的、压出来的。你在单位的存在是否可有可无、是否被人倚重，首先取决于你有没有专业精神和精通业务的能力。就文字工作而言，平时就要细心研究体彩工作、熟悉业务，用心积累和写作。

善于思考，提高领悟力 领悟能力因人而异，迅速而又深刻地领会意图，是提高执行力的重要条件。这要靠平时多思、多问、多记、多悟。

立即行动，提高“马上办”能力 “立即行动、马上就办”，是执行力强的标志。慢、拖、推导致执行力差。而“马上办”需要充分准备、提前谋划、精心策划，进而得到高效的结果。立即行动是执行力得到保障的先决条件，而仓促上阵难有好的行动效果。

体彩团队执行能力的提高，需要做到：

相生共荣，提高团队向心力 团队就要“抱团取暖”“众人同心，其利断金”。团队为员工施展才华提供发展平台，员工心往一处想，劲往一处使，才是团队员工所为。单位领导班子打造优秀团队的第一要务就是要凝聚人心，使员工与团队一条心，致力用团队目标统领个人目标。

培养人才，提高团队支撑力 一切工作靠人来完成。人才是单位发展的重要支撑。培养人才需要树立“人人是才、人人有才”和“培训是员工最大福利”的理念，有针对性地强化员工培训。

完善制度，提高团队内控力 管理有序的单位必然要建立一个“公开、规范、顺畅”的内部沟通渠道，更需要建立一个有章可循的以制度管人、而非人管人的管理制度体系。缺少行之有效、人人平等、贯彻始终的制度管理是非常可怕的，它会导致管理流程混乱。内控制度体系的建立必须打破“人管人”的旧框架，实施“制度管人”的新模式，完善制度流程，明确管理者的责、权、利，让员工养成按程序办事、按流程办事、按规矩办事的习惯，合规、高效地执行，这是体彩队伍建设的重要目标。

个人执行能力与团队执行能力的提高相辅相成。执行能力的提升才能提高执行力。执行能力、执行力的提高非一朝一夕之功。门店以销量挣钱，员工以付出换回报，唯有提高能力，使自身“值钱”，才能更好地挣钱。

（本文刊发于 2015 年 10 月《中国体育报》）

“做好”才叫“做了”

——谈执行到位

有人研究，荷花大约用近一个月时间开满池塘。第一天开放的只是一小部分，第二天会以前一天两倍的速度开放……很多人以为到第 15 天荷花会开一半。事实并非如此。开满一半要到第 29 天，最后一天开花的速度最快，等于前 29 天的总和，最后一天才会开满另一半。这就是有趣的“荷花定律”。

这让我们想到，执行越到最后，往往是在最后的 10%，就越关键、越重要。执行中常见的是“行百里者半九十”。做了、做完了，不等于做好了。做到位、做好了才叫“做了”，才有执行力。

一、“做好”的共识

执行不到位等于没执行 没结果的执行等于“零执行”，错误结果的执行是负执行。

有个案例，说的是 2012 年 6 月 24 日，农历五月初六是一个好日子，有家庆典公司计划开业大吉，但是厂家错把宣传广告牌的“奠基”写成“墓基”而不能开业，庆典公司老板非常生气，要求赔偿损失。因失误而导致执行错误常常发生。怎样才叫做好？执行中要形成几点共识：

没结果的执行不如不执行 执行不到位，导致前功尽弃，费力费财，造成成本增加、资源损失和浪费。因为不按规矩和制度执行，没有到位的结果，有时甚至带来安全隐患、重大事故、毁掉品牌和单位形象。

到位才叫做好 体现在从“差不多”到“零失误”，从“事事被动”到“处处主动”，从“做了就行”到“做好才够”，从“埋头苦干”到“抬头巧干”。

做好才叫做了 水烧开了才能喝，烧到九十度（摄氏度），不能算烧开。建了一家竞彩店，如果建好后不管不问，后果可能是门店的竞彩销售打不开局面，慢慢造成销售员对竞彩销售丧失信心。销售员会误认为竞彩游戏不好而引发负面效应。因此，对新建门店，专管员要“扶上马”还要“送一程”：对销售人员进行业务培训，让其掌握营销技巧，直到门店能够生存才能放手，这样的管理和服务才叫“做好了”。

二、“做好”的方法

贯彻落实工作常用的两种方法有“PDCA工作法”和“5W 2H工作法”。

PDCA工作法 由计划（Plan）、实施（Do）、检查（Check）和处理（Action）四个阶段组成工作循环。

计划（Plan）阶段包含四个步骤：分析现状，找出存在的问题；分析产生问题的原因和影响因素；制订改进措施，提出行动计划，并预测效果。

实施（Do）阶段，即组织对计划、措施的执行。

检查（Check）阶段，即检查采取措施的效果。也就是检查是否按计划要求去做了？哪些做对了？哪些还没有达到要求？有没有效果？

处理（Action）阶段包含两个步骤：总结经验，巩固成绩；解决问题，整改问题。

5W2H工作法 Why——目的。为什么，为什么要这么做，理由何在，原因是什么？What——主题。是什么，做什么工作？Where——地点。何处，在哪里做，从哪里入手？When——时间。何时，什么时间完成，什么时机最适宜？Who——人员。谁来做，由谁来承担，谁来完成，谁负责？How——方法。怎么做，如何提高效率？How much——程度。做到什么程度，花费多少，数量如何，质量如何，收效如何？

“做好”的方法有很多。比如，布置工作说结果和标准；指导工作说方法和措施；汇报工作说思路和安排；请示工作说建议和方案；总结工作说重点和要点，等等。

三、“做好”的要求

“做好”，取决于态度和能力。执行能力与执行力二者大有区别。执行能力叫有本事，执行力叫干成事。做好体彩工作，要在“严、细、实、快、新”上下功夫。

着眼于“严” 体彩廉政风险无处不在、无时不在。实行廉政风险防控，做到对不正之风、违纪违规“零容忍”、防控工作“零失误”、廉政安全“零风险”，需要全体工作人员做到“严以修身、严以用权、严以律己”。

门店就是窗口。每一个门店的形象代表体彩形象。一个门店出现难以解决的纠纷，可能影响到全国体彩。这就要求体彩从业人员增强责任意识、法纪意识，按照彩票管理法规严格守法，依法售彩。

竞技体育训练比赛中实行的“两严”方针（严格要求、严格管理）和“三从一大”原则（从难从严从实战出发，坚持大运动量训练），同样适用于体彩销售管理。中国体育彩票秉承“责任、诚信、团结、创新”的体彩精神，从实从严从市场出发，坚持扩大购彩群体的营销宣传，就要严格规范、严格管理。

着眼于“细” 细节决定成败。要细心、用心，细致、精致，也就是细心服务，关注细节。要深究不到位的症结，养成有条不紊的工作习惯。从细心做起：把印章盖周正；把复印材料订齐正，别把页码顺序搞错；把办公桌上物件摆放整齐……维修门店故障机器，及时解决故障是基本要求，总结故障原因，记入《维修记录》为日后积累经验，还要向门店传授机器保养知识，提高业主自我养护机器的能力。

体彩片区管理往往只有一名工作人员。专管员去外地开会前要细致安排好配票、修机等工作，特别是要通知到偏远门店知晓，免得他们来找专管员办事而白跑一趟。这样的小事，体现了工作人员的细心以及对销售人员的尊重和关爱。这样的细心服务自然能赢得门店的赞赏。

着眼于“实” 体彩工作千头万绪，又事无巨细。唯有脚踏实地，一件件去落实，才能实现体彩行业的整体目标。比如门店的基础工作，不做到位就不能营造好的购彩氛围。门头的 LED 屏，有的店家怕费电，舍不得开，有的没有及时更新内容，或是走字速度太快……要靠专管员及时检查、说服、整改来抓好落实。

着眼于“快” 只争朝夕，提高办事效率，服务要快，管理要快，宣传要快。总之，落实要快。

服务要快。体彩门店靠销量生存，停机就没销量。门店的终端机坏了，体彩工作人员就要想办法及时帮助修好或调换，减少门店损失。快速、高效服务是工作人员管理门店的前提。

管理要快。及时发现门店存在的问题，及时指正，不能等上级检查才来过问。如果发现门店违规，必须按规定及时处理。坏的苗头没有被及时遏制，等同于纵容姑息。

宣传要快。中大奖宣传，时效性非常强，宣传过时的大奖会让人觉得莫名其妙。促销活动宣传要提前“预热”，慢腾腾、快到活动结束才进行就没有任何效果。

着眼于“新” 有创新思路，不墨守成规。常做常新才能使工作上台阶、出新成效。门店的工作创新未必要做惊天动地的大事，比如，给 LED 增添定时器，给门店增添语音播报器，这些小创意虽然没有什么惊人之处，却使工作方便快捷，能大大提高公众对体彩的关注度。

执行要到位，需要层层细分，从接受任务开始计划、准备、落实，到检查、改进，到取得符合要求的结果，每个环节、细节都“做好”，才叫真正“做了”。

执行要到位就务必像关煤气开关那样——彻底关好开关！因为煤气灶开关没有完全关上、差不多关了就会漏气，会导致危险事故发生。

（本文刊发于 2015 年 10 月《中国体育报》）

执行重在领会

——谈领会任务

我在大学期间读过一篇《某大“等于零”》，多年后仍记忆犹新。此文讲了一个真实故事，说的是某名牌高校大学生小张在深圳一家科技公司任职员，小张对只有大专文凭的经理很是不服。有一天，公司总经理把小张叫到办公室说：“今天中午，我们三人想自己做饭，你去楼下菜市场问问菜价，青菜是多少钱一斤。”小张下楼询问后，上楼说：“3 元一斤。”总经理又问，猪肉多少钱一斤。小张下去问了价，上来回答说：“18 元一斤。”总经理再问，茄子多少钱一斤。小张又跑下去问价，上来回答说：“4 元一斤。”总经理让小张坐下，随后把小张的经理叫来，对经理说了同上的要求，要经理下楼去问下青菜是多少钱一斤。这位经理下楼后过了一会上来，回答：“青菜 3 元一斤。”总经理说：“你再问下猪肉多少钱一斤。”这位经理答道：“我刚才一起问过了，猪肉是 18 元一斤，茄子是 4 元一斤，萝卜是 4 元一斤……”

总经理对这位大学生说，我同样要你俩去问价，你跑了三次只问了三个价，而你的经理只去了一次就什么都搞清了。你只是按我的意见机械执行，而你的经理是按我的意图相机行事。你们的差距在哪？你服不服？小张觉得自己虽然在大学学业成绩优秀，但在实践中的执行能力确实不高。

我到体彩中心工作后，时常遇到类似问题。有时，领导布置工作后，上面“九级风浪”，中间“波澜不惊”，下面“纹丝不动”。领导说一部下只做一，有时还“打折”。对领导意图、任务要求的领会存有较大偏差，执行时自然就会走样、不达目的。

一、领会任务偏差的表现

接受时一知半解 接受领导口头授意时，并未完全听清领导的本意，由于怕领导说自己理解能力差、反应慢，不敢当面提问，更不敢提为什么，只好轻率、违心地回答“明白”。

理解时生搬硬套 在理解领导授意时，习惯于照话直录，正如本文开首中的小张那样机械套搬，从表面上孤立地去理解。有的拘泥于片言只语，理解时不全面、不完整，缺乏综合思考，并未搞清领导的真实意图。有的领导授意模糊不清，下属理解就会“卡壳”。

贯彻时唯命是从 领导说什么就是什么，不愿多动脑筋；建议不敢提，问题不敢指。

处置时固执己见 在听领导讲授意图时自以为是，不认同领导的指示和要求，喜欢按自己的“口味”取舍，与己观点不同就不往下听。更有甚者，自恃自己水平高、能力强，对领导指示，你按你的意思说、我按我的想法办。当自己的想法与领导意图有分歧时，我行我素，固执己见。

二、领会“打折”的原因

沟通不对称 沟通“漏斗”是客观存在且不可避免的。沟通不畅，会导致说与听、听与记不一致。

情绪不合适 如果沟通情绪不对，内容容易被扭曲。沟通内容之前，情绪一定要梳理好，不然误会就会越来越深。

授意不具体 领导交代任务的方法不同，下属领会起来有难有易，方法也不尽相同。有的意图表达十分明确、具体，有的指令则比较笼统、模糊。

能力不够用 领导和下属由于经历、阅历、能力不同，领导在简短授意时，下属因理解能力不够往往听的是片段的意见，不能完全领会领导的真正意图。

三、领会任务的方法

体彩工作人员，尤其是中层干部和文秘人员要不断提高观察力和理解力，善于学习研究领导工作方法，这是机关工作人员办文、办会、办事的基本素养。从广义上说，机关工作人员都是文秘，要做好文秘工作，就要善于领会领导意图，需要做到以下几点：

在全局思考上与领导“同心” 要掌握单位工作的总体布局和进展，主动与领导沟通，与领导取得共识，逐渐使本来不成熟的想法趋于成熟、非确定性的意图上升为确定性的意图。

在整体谋划上与领导“同位” 善于站在领导的高度，在重大决策部署、重大问题决定、重点工作推进中思考问题。看问题站位、角度不同，对事物的看法和结论也往往不同。比如只站在自己主管工作的局部看问题，往往导致理解层次偏低，得出的结论片面。

在风格研究上与领导“同向” 不同领导的性格、能力、工作方式、表达方式不同，其授意的方法也不尽相同。从授意程度上看，有简洁式的，有详细式的；从授意的方式上看，有直接式的，有间接式的，等等。这就要求工作人员具有接受和领会不同类型领导意图的本领。如何领会领导的思路或真实想法？一要注意从领导的言谈中捕捉，二要从领导的行为中发掘。对领导意图的把握不仅要善于“听其言”，还要善于“观其行”。

在意图把握上与领导“同步” 从把握领导意图的实质上领会领导意图。领导意图有明示性意图和暗示性意图、确定性意图和非确定性意图、总体工作意图和具体工作意图之分。无论哪种领导意图，部属都要注意把握其实质，有强烈的“对标意识”，执行时才会同频共振。为此要做到：对明示性意图，要坚决照办；对暗示性意图，要心领神会；对确定性意图，要如实贯彻；对具体工作意图，要灵活执行。

有的同志也许会问：以上“四同”标准要求太高，很难做到，真要做到，那我也不是一般职工，可以当领导了。我说，那就对了。难道低标准、低要求，你能进步大、提高快？高调做事，你会一次比一次优秀。低调做人，你会一次比一次稳健。

从信息沟通双向性分析，以上所述是下级对上级的任务领会。当然还有上级领导对下级领会是否清楚的问题。领导在布置任务时要注意从下属的身体语言和其他言行中察觉其是否真正领会，对于布置重大任务，这是一个重要又不可或缺的程序。下级没有真正、完全领会，执行就有“肠梗阻”。

提醒领导的是：下达任务时不仅要讲清意见，而且要讲明意图；交代任务后，不妨问一下：“元芳，你怎么看？”

（本文刊发于2015年10月《中国体育报》）

让制度“从墙上走下来”

——谈控制过程

1984年，张瑞敏接手海尔集团前身——青岛日用电器厂。面对满目“破门烂窗”和人心涣散的职工队伍，他制定了“管理十三条”，其中一条让人惊讶的规定是：“不许在车间里大小便！”也正是从这里开始，海尔走出了一条为中国创造世界品牌的辉煌之路。海尔这“十三条”有什么高明之处？有书介绍：“每一条都不是高不可攀。相反，都紧挨员工的道德底线。任何一条都让员工感觉不应该违背。因此，制度本身具有极强的可执行性。”也就是说制度的可操作性是得到贯彻执行的重要前提。

制度不执行或执行不到位，从现象上看是人的问题，从本质上是管理问题。本文从制度管理角度谈执行中如何控制过程。

一、查摆执行差的表现，探究管理原因

执行力差只是表象，管理不善才是本质。“管”的依据是“规”：规章、规定、规矩、规则。“理”，主要是理好情绪、理清思路、理顺关系。因为管理问题导致执行力差，一方面是制度系统不健全，另一方面是有令不行，控制系统不管用。具体表现在以下几个方面：

目标管理不清晰 从宏观层面看，单位没有清晰的战略目标和发展方向，或者是战略目标制定不合理而缺乏可操作性。从微观层面看，决策者的决定朝令夕改或左右摇摆，导致员工目标不清、方向迷失，为做事而被动做事。

内容管理不完善 任务交代不具体。有的领导口授任务较随便、太笼统，

随口一讲，随手一挥，事后自己都忘记当时交代了什么任务。决策层与操作层对任务内容的解读不一致、不对称。任务内容不完善，表现在制度和流程不成体系，政策导向不明确，内容设计不合理，相互之间不衔接。

时间管理不明确　交代任务没有讲清完成时限，执行遇到难题或因之停滞，或任务完成了也不及时向上级汇报。

制度管理不实用　制度不完善，有制度不执行。制度和流程产生与执行的保障机制不匹配。制度往往是少数人制定多数人执行、少数人知晓多数人模糊。制度流程产生程序个人化、岗位化、部门化或“老板化”，而非民主化。制度设计与制定环节程序不合理，没得到大多数人支持，制度流程在操作层得不到认同。流程设计烦琐，审批环节较多，运行效率低。有专门机构研究发现许多单位的制度与流程装订成册后被束之高阁，员工并不清楚。

内控管理不合理　内部管理结构不完善，组织架构设置不合理，部门职能定位不清晰，岗位职责划分不明确，管理授权不合理，汇报、指挥交叉重叠，责权利不对等，很容易造成单位内部自设“部门墙”，出现相互推诿扯皮、避重就轻、管理内耗和执行力低下等问题。在执行中出现问题和困难时上瞒下推，造成落实的“肠梗阻”。

人员管理不匹配　人是影响组织执行力和个体执行力最为重要的决定性因素。单位“帅”“将”“兵”的角色搭配失衡，或者配置不合理，不仅导致组织执行力低下，而且影响团队的整体战斗力。

督察管理不到位　领导自以为布置了就会执行了，忽视过程的进展情况，表现在过问少、关注少、检查少。很多中层管理者更乐意坐在办公室发号施令和等待下属汇报，很少去监督执行的动态过程。大量的管理实践表明：如果没有工作过程的监督、指导、反馈、矫正和结果的评估、考核，很多管理工作无法达到预期效果和目标。原因很简单，因为有的员工“惰性”很强，还有一些“聪明”的员工喜欢“走捷径”“找借口”，借单位管理漏洞而偷懒。

考核管理不配套　没有考核就没有管理，没有奖惩而考核，制度管理就会形同虚设。干与不干一个样、干多干少一个样、干好干坏一个样，员工有“大锅饭”吃，无须用力工作。单位没有建立科学、配套的奖惩考核激励机制，或激励机制落实不力，会严重挫伤先进员工的工作积极性。

二、注重控制过程，提升执行力

管理学告诉我们，到位的执行必须把握三个要素：制度、流程和机制。这就是“管理铁三角”。

建立实用制度 管理的核心是使“人治”变为“法治”。单位定制度的目的是增强组织的协调性、统一性和管理的规范性、有效性。定制度首先要考虑能否执行。许多单位强调要健全制度，往往把制度定得厚厚一本，员工很难记得。重要的是把关键的制度和制度的核心找准。有个小故事说的是小张和他的妻子小李结婚后，小张总是贪玩、夜里很晚才回家，小李就和小张订立规定：晚上超过 11 点回家，我就关门睡觉。小张坚持一周后又很晚归家。小李重新订立规定：晚上超过 11 点回家，我就开门睡觉。自此以后，小张再也不敢超时回家了。这则故事把“关门”改为“开门”，一字之变，把握了关键、核心。由此可想，定制度不在于多而在于精、在于管用。

我认为《三大纪律八项注意》是最经典的管理制度之一。它具体、通俗、明了、好记。如果写成厚厚一本，在那个年代背景下不知是何结果。当然，现代化的今天，市场经济下的管理，要求制度体系化，像 ISO9001 国际管理制度体系的应用也很有必要，但是，关键的制度必须抓住核心要素——能变被动执行为主动执行。对于体彩来说，建立“三重一大”制度、招标采购制度、终端机管理制度、渠道建设管理制度、营销宣传制度等核心制度都是必不可少的。

确定简明流程 强大的执行力，不仅要靠组织、靠能人，靠制度，更要靠流程。按程序办事、按规矩办事，关键是按流程办事。建立通畅的流程管理可以从“无序”到“有序”、从繁乱到简洁。流程管理就是要消除人浮于事、扯皮推诿、职责不清、执行不力的“顽疾”，从而达到有序运行、提高效率。

建立业务管理的流程图是流程管理的重要方面。制定一套好的流程图，应该满足五个要求：突出目标和核心环节、界定好责权利、清晰简明、针对性和可操作性强、必要的监督。比如制定体彩廉政风险防控流程图，可采用“流程图＋”的方法：具体项目＋流程到某一环节的风险点＋风险点防控措施＋责任人。

流程图能把制度、流程直观化、简明化。流程、流程图的建立事先要与员工一同研究、确定。商定的过程就是集中民智、统一认识的过程。比如，终端机管理流程图的制订，相关人员参与讨论，从购、发、领、用、修、转到废，建立一目了然的流程图，明确各个环节要求、各个岗位职责，确定具体责任、责任人，运用简洁的流程自然会提高执行效率。

建立督察机制 有了制度和流程并不代表员工就能完全遵守，还需要通过检查、督察机制促使其守规。二战期间，某国空军降落伞的合格率为99.9%，这从概率上来说，每一千个跳伞的士兵中会有一个人因为降落伞不合格而丧命。军方要求厂家必须让合格率达到100%才行。厂家负责人说他们竭尽全力了，99.9%已是极限，除非出现奇迹。军方改变检查制度：每次交货前从降落伞中随机挑出几个，让厂家负责人亲自进行跳伞检测。从此，奇迹出现了，降落伞的合格率达到100%。这则故事告诉我们：光有制度、流程，在执行中没有领导亲力亲为和亲自检查、督促，同样不能确保有执行力。

督察是控制过程的关键。建立督导执行的工作机制是确保制度和流程顺利运行的重要保障。任务执行中常见的毛病是发现问题慢、反馈问题慢、解决问题慢。及时检查能够及早了解落实情况、发现问题，研究对策，给出方法。通过"回头看"和横纵对比及时解决问题、加快进度。督察的结果要及时通报、记入考核、与绩效挂钩。督察发现的问题得到及时整改，能把大问题变成小问题、把小问题变成没问题，避免真空管理、重叠管理。执行管理链中每个环节在制度、流程、机制的运行和约束下，环环相扣，才有强大的执行力。

督导机制的管理链中领导示范和表率作用尤为重要。从许多案例中看到，领导经常要求下属严格执行和遵守规章制度，而自己却很少带头践行，或者很少自觉去维护单位管理制度的严肃性和权威性，甚至，有的领导本身就是规章制度的最大破坏者，比如要求员工穿职业装和佩戴胸卡上班，而自己却从来不穿、不佩戴。领导率先垂范、"正人先正己，正己先正心"，职工就会自觉地效仿领导的做法。

提升单位组织执行力务必建立和用好"管理铁三角"，就是要针对本单位影响组织执行力的各种原因进行系统分析、总结，真正找到制约单位执行力的关键要素，从而获得控制过程的策略和方法。

管理就是依据有规章，过程有规范，结果有标准，利益有分享。

执行，一定要把制度“挂在墙上”，让人知晓，更重要的是，要让制度“从墙上走下来”，让人自觉执行。

（本文刊发于 2016 年 6 月《领导科学》杂志）

执行贵在结果

——谈追究结果

执行的出发点是要有结果，落脚点是要达到百分之百要求的结果，但在现实中往往很难做到。著名文学家胡适先生在他的《差不多先生传》中做了生动描述：

你知道中国最有名的人是谁？他姓差，名不多，是各省各县各村人氏。差不多先生是中国全国人的代表。差不多先生的相貌和你和我都差不多。他常常说："凡事只要差不多，就好了。何必太精明呢？"他小的时候，他妈叫他去买红糖，他买了白糖回来。他妈骂他，他摇摇头说："红糖白糖不是差不多吗？"他在学堂的时候，先生问他："直隶省的西边是哪一省？"他说是陕西。先生说："错了。是山西，不是陕西。"他说："陕西同山西，不是差不多吗？"有一天，他为了一件要紧的事，要搭火车到上海去。他从从容容地走到火车站，迟了两分钟，火车已开走了。他白瞪着眼，望着远远的火车上的煤烟，摇摇头道："只好明天再走了，今天走同明天走，也还差不多。可是火车公司未免太认真了。八点三十分开同八点三十二分开，不是差不多吗？"他一面说，一面慢慢地走回家，心里总不明白为什么火车不肯等他两分钟……

胡适先生用朴实无华的语言，把非常普遍化、生活化的事例，如买糖、念书、搭车之类，讲得人人明白，道出了人们办事马虎、不肯认真、"差不多"的通病，让人警醒、震撼——不能凡事都"差不多"就行，而要认真！认真做事才会有结果。

执行既要重过程，更要重结果。瞄准结果来执行就是对结果负责。

一、重视结果的认识

要什么程度的结果和对结果满意度的评价，领导层、管理层和操作层的认识往往并不一致。主要表现在以下两个方面：

以苦劳代功劳 在中央电视台《赢在中国》的比赛现场，评委史玉柱提问：“如果你是老板，有个项目分别由两个团队实施，年底时有一个团队没有完成任务，但他们很辛苦，都尽力了，你会奖励这个团队吗?”一个选手说：“因为他们太辛苦了，我要鼓励他们这种勤奋的精神，给他们20%的奖金。”另一个选手说：“那我得看相关约定，没有约定就不给。”还有一个选手说：“我得看具体是什么原因导致他们没完成任务，再做奖不奖励的决定。”史玉柱说：“我不会给。有功劳对公司才有贡献，有苦劳对公司的贡献是零。我只奖励功劳，不奖励苦劳。”

辛劳不是功劳，辛苦不是结果。大家经常听到这样的话：“我没有功劳也有苦劳啊！我是事业单位的，改革成果共享，看在我多年辛苦的份上，也要给我一碗饭吃啊!”“我按时上下班，从不迟到早退，就该给我发工资。”这些话听起来似乎有道理。问题是领导交代的事情办妥了吗？任务完成了吗？有绩效吗？你的辛苦符合客户的需求、有销售业绩吗?

一位著名企业家说过：“不要告诉我分娩有多么痛苦，你把孩子抱给我看看。”执行力追求的是最后有成效、有结果。任务要靠员工完成，业绩要靠员工创造，员工要靠自己的业绩证明自己的价值。单位应该帮助员工实现价值，提升他们创造业绩的能力，而不是同情他们辛勤劳作后的一无所获。

认为“差不多”就行了 实际工作中，不少工作执行的结果与预期目标总是差一点。许多人也心安理得地接受这样的差不多。如前文案例中所言，“差不多”总是只看大概，却忽略了细节，结果只会导致“差之毫厘，谬以千里”。“差不多”既是不负责的态度，也是不严谨、不细致、不周全的表现，只会是执行不到位、结果不满意。

对结果的不同认识自然会影响执行的过程、结果。

二、获得结果的保证

结果的保障 要获得结果，前期准备和前提保障要保证。担负任务的人，从领受任务后就要着手做好计划或方案，规划好前、中、后期应做什么和怎么做，在人力、物力和财力上做好统筹安排。决策层要预判取得结果的难度和难点、重点及要点所在。管理层要研究想要达到上级要求的目标，需要具备什么样的条件、采取什么方法来解决难题；条件不具备、力量达不到的话，应如何提力、借力；设计好路径，协调好过程。操作层要克服困难和阻力，全力以赴，完成任务。

结果的评估 时限已到，结果如何？领导层和管理层要揪住结果不放。是否真的按时按量按质完成？对没有完成、差不多完成、令人满意完成的三种结果要有小结报告、考察评估，找出没有完成任务的症结所在、解决问题的方法措施。完成任务的经验、亮点和创新，采取的方法和举措也要总结。即便是“事后诸葛亮”也要运用“事后学习法”小结一番：接受任务时理解的结果与实际结果差距在哪？本打算做什么，为什么会发生没预料到的情况？下次如何改进？这样的发问式评估是对上次不尽人意或不达标结果的分析，有利于深刻反思原因、吸取教训、找出方法，促进下次同类问题的解决。

结果的考核 结果要与考核、奖罚制度挂钩，并及时兑现，才能体现干好干坏不一样、干多干少不一样，真正给予执行者动力和压力。

但是，在实际中很难做到奖罚到位。体彩销售机构大多是事业单位，与企业不同的是：难以量化考核，缺乏结果评估机制；评出的结果又难以突破平均奖励，或只奖不罚挫伤了先进。有的单位重奖轻罚，兑现拖拉。还有的单位没有预算奖金，或奖励方式单一，或奖励力度不大等，使奖罚与考核结果难以挂钩。这是我们要重视并加以解决的问题。

三、追究结果的思维

运用逆向思维倒推结果的获得，能厘清取得结果的思路、步骤和方法。为了取得最后结果，不妨做到：分解任务目标，列出困难问题，思考解决难题的方法和条件，寻求合力完成的途径，创造条件、抓住机会，促使问题解决。

四、追究结果的态度

获得百分之百完成任务的结果，必须有坚定执行、保证完成的态度。保证完成就是保证去做、保证做到位、保证做好，既是领命，更要行动。

（本文刊发于2015年10月《中国体育报》）

敢用这样的人吗

——谈体彩人才培养

小李和小王是市分中心新招的试用人员。分中心安排两人跟老专管员到市里门店实习。一个月后，小李在实习报告中说，他跟老专管员学到很多知识，能力大大提高。小王在实习报告中细说了他看到门店存在许多问题，提出了改进建议，还指出老专管员去门店检查要注意态度、方法等。老专管员看了小李的实习报告后自然高兴，看了小王的实习报告则非常不满意，建议分中心不要录用小王。

分中心胡主任觉得小王能直言不讳，在短时间内发现许多问题，并给出工作建议，说明他进入角色快、工作认真负责，可能是个人才。胡主任决定把两人放在分中心内勤岗位上实习，观察一段时间。一个月后，小李在实习报告中夸赞胡主任领导有方，内部管理井井有条。而小王在实习报告中毫不留情地指出分中心迟到早退现象严重，缺乏绩效考核，有人不按程序办事等。胡主任看完小王的实习报告后晚饭都不想吃。

省中心分管人事工作的高主任得知此事后，调研基层时顺道到分中心调查，全面考察了小王，并找小王谈话，小王满不在乎地说："我是来做事的，不是来搞关系的。不讲真话，回避问题、不解决问题，不会把事情做好。我拿了工资就要对得起单位、对得起这份报酬。"小王的话虽然直来直去，但很在理。

小王这种似乎不近人情、不会搞关系的人，你若是领导，你敢用这样的人吗？

这个案例和小王的去留，一定会引发大家思考：体彩需要什么样的人才？如何把有“缺点”的能人培养成优秀人才？

一、体彩发展需要的人才

有专家研究，在一个单位里人分五种：人物、人才、人手、人员、人渣。人渣：就是牢骚抱怨、无事生非、拉帮结派、挑起事端的破坏分子。“人渣”这个词，很多人听了都反感，但在有的单位可能确实存在。人员：就是只领工资不爱做事，安排与自己无关的工作不愿干，属庸人之列。人手：就是安排什么做什么，不安排就绝对不做，等着下命令的人。人才：就是每天发自内心做事，做事有责任、有思路、有条理，知道单位的事做好了，获益的是自己，是真心为单位操心的人。人物：就是全身心投入，用灵魂去思考、做事，决心要在单位做一番事业的人。

执行力强的单位一定是人物居多、人才济济、人员和人手偏少，可能没有或者有极个别的“人渣”。就体彩销售管理承担的事务而言，体彩工作涉及管理学、营销学、经济学、社会学等多学科内容。体彩面对购彩市场，打造品牌、开展各类游戏促销活动，需要高水平策划的营销师，需要表达力强的高级培训师。这方面的人才比较缺乏，真正能掌控管理的人才也很难得。体彩技术不仅要保障系统安全运行，而且要依靠高端技术人才抢占制高点。因此，体彩发展需要会策划的营销人才、会管控的管理人才、会沟通的销售人才、会传授的培训人才和会创新的技术人才。

二、体彩人员选择的“加减乘除”

人员培养的最终目的是要造就执行力强的人才，去办事、解决问题。简单来说，可用“加减乘除”法选人、用人。

做“加”法——增加领着干的人、跟着干的人、帮着干的人。“火车跑得快，全靠车头带”。执行力强的单位一定会有位《亮剑》中李云龙式人物，以及视死如归跟着、帮着、学着李团长干的人——中层的营长、连长。领着干的人（班子）要有一颗强烈的事业心，谋划好正确的方向，领跑团队。跟着干的人是融入了团队的人，与团队一条心的人，是一个有责任心、上进心、阳光心态的人，是一个主动作为的人。帮着干的人距离成功还缺三个字：进取心！保持奋发向上的心态，克服故步自封，突破自己，同事马上就会欣赏你。

做“减法”——减少闲着不干的人、躲事、懒干的人。这些人不思进取、等待别人安排工作，等着到月拿工资。虽然这种人的存在不会对单位的发展有致命的伤害，但是这种人执行力差，会给单位的发展造成阻力，影响单位事业的进步。这样的人要设法减少。

做“乘”法——成倍扩大急着干的人、想着干的人。在团队中，这两种人进取心、责任心极强，工作积极主动，执行力强。想干事、会干事、干成事、不出事、好共事的干才是体彩事业赖以发展的中坚。为这样的干才提供广阔的发展空间、创造良好的工作环境，使他们不断改进、提升，发挥“倍乘”效应，体彩事业发展就有源源不断的动能。

做“除”法——去除对着干的人、阴着干的人。这两种人，其思想和行为已严重脱离单位整体，带来的是负能量、负效应，造成负面影响大、内耗大，严重阻碍团队的发展。这类人在团队没有培养价值，要设法去除。

体彩务必重用能够解决问题的人才。单位请你来是解决问题而不是制造问题。如果你不能发现问题、回避问题或解决不了问题，你本人就是一个问题。

三、体彩人才的培养

关于人才的培养，方法有很多。这里，着重提示在人才培养中不可忽视的几个要点。

树立人才观 什么是人才？做得了事、吃得了亏、负得了责的人就是人才；能以体彩为家，主动提出实用建议的人、“主动把马桶修好”的人就是人才。什么是领导型人才？指引方向、提供方法、凝聚人心的干部就是领导型人才。

本文开首所述的小王虽有不少“缺点”，但他敬业、负责、肯干。笔者认为小王就是体彩所需的人才，就应用心培育、大胆使用。有的领导认为现有人员不能胜任工作，增加一项工作就缺少人员执行或者人员调不动，就忙着招聘人。我认为要重在内部挖潜、调动、培养，用好现有的人才资源。

制定人才培育规划 体彩管理中心作为事业单位成立多年，人员岗位大多已安排到位，从体彩长远和可持续发展需求出发，要做好人才培养的战略规划和近期人才培养计划，比如专技人才的引进，要列入计划早招选、早培养、早储备。

明确为谁而干 为什么老板总能起早贪黑、无怨无悔？因为老板是在为自己赚钱。为什么优秀员工能够废寝忘食、全力以赴？因为他们在为自己的梦想行动、为荣誉而战。这让我们明白：员工认同为自己干才能释放巨大能量。

对一个优秀员工来说，工作就是为自己干，为家庭干，为事业干，无论为谁工作都要学点真本事，应付工作就是浪费自己的生命，干好工作才不虚度光阴，才能谋出美好前程。表现差的员工总是认为我为单位而干、为他人干，单位给我多少报酬我就出多大力。优秀人才则将体彩当作是毕生追求的事业，工作起来就有无穷的动力。

注重“暖心顺气” 能独当一面的人才，总是希望有一个稳定、体面又有发展前景的未来。应该相信绝大多数人都有执行能力，也想把事情干好，但有时会因待遇、人际关系、工作环境、心理环境、工作压力等因素造成心气不顺而不想干、不愿干。这就需要单位和个人共同解开心结。人事工作是暖心工程，要注重人文关怀、开展活动、培训教育、开拓职称晋升通道等，让员工时时沐浴在温暖和赞美的阳光下，看到可盼的奔头和“希望的田野”。

沟通才有心通。作为领导，要重视与员工谈心、沟通。工作不够待遇补，待遇不够感情补，感情不够时间补。心胸敞亮，才能干事顺畅。

理顺用人机制 领导三件事：识人、用人、会管理。可以优化四个方面的用人机制。

选才方面：选才方法有组织选、群众推、个人荐，还有对外公开招聘，对内公开竞聘等。选材标准和方法千千万，但最终要选“有激情、在状态、能干事”的人，要选“信得过、能办事、离不开”的人，选有执行力的人才。

育才方面：优秀的员工总是期待合理的建议被采纳、优秀的言行被肯定。否则，积极性会受到打击或者跳槽。原因是优秀员工都希望用自己超群的才智来获得肯定和回报，从而一直优秀。把握人性，用拴心、留人机制，给予员工做事的机会、奖励的机会、成长的机会、发展的机会。

用才方面：优化人才资源配置，把人才放在合适的岗位上；敢于给人才成事的机会，也能给人才改错的机会；用人长处，发挥优势；委以重任，给予应有的回报；有成绩不要吝啬表扬和赞美；帮助协调解决实际困难，促进人才脱颖而出。

用人有三种境界。孔子的学生曾子有句名言：“用师者王，用友者霸，用徒者亡。”说出了用人的三个境界与结果。“用师者王”，能够谦下于人，把人才当老师看待，从而“王天下”、成大功。比如周武王用姜太公，尊之为国师，其后文王逝世，武王继位，又用姜太公并尊为尚父。“用友者霸”，像刘备用诸葛亮以朋友相处，能守一个蜀国称霸。“用徒者亡”，则是指专用言听计从、唯唯诺诺、顺人喜好的人，必然会失败。

励才方面：人性的激励可能比物质、精神的激励更重要。管理是被动的，激励是主动的！管理是被要求的，激励是自己渴望的。人性的特点是不喜欢为别人做事，却愿意为自己拼搏。如果一个管理者总是用陈旧的方法来管理现在的员工，那只会把员工管跑。单位人才流失严重、没有战斗力……也许不是管理出了多大的问题，可能更多的是负激励、负能量积存太多。

人才多有“短板”“毛病”，需要“打磨”、调教、升造。用心培养好、管理好、爱护好人才，正是体彩事业发展的希望所在。

（本文刊发于 2015 年 11 月《中国体育报》）

打造体彩优秀团队

——谈体彩团队建设

省体彩中心李主任听说技术部小严要辞职，就主动找小严谈心，说他的岗位很重要，单位一直很看重小严的表现和贡献，为何要走人，小严坦诚地说："我进入体彩工作十年多了，认为体彩是公益事业、朝阳产业，前景美好，把它作为我一生的最佳选择，但是，现在才发现，单位成立这么久，居然没有建立制度体系，人际关系差，工作协调难，干与不干一个样。我有好多好用的建议，单位都没采纳。我十分泄气，心灰意冷。这就是体彩？这就是我要的体彩？凭我的能力、水平，到哪也会轻易找份比现在工作环境好、收入高的工作。"这番话令李主任十分震惊。

李主任认为小严干得不爽、想离职的原因是：环境不好，待遇不高，受了委屈。小严的离职想法给单位管理敲起了警钟。于是，李主任决心要重抓团队建设。之后，李主任召集班子做了大量研究，决定从建章立制、定规矩、定流程入手，改革人事管理制度，实施绩效改革，优化部门和岗位设置，拓宽职称学历晋升通道等。这些改革扎实推进不到一年，单位就有了很大起色，原来缺少章法的"生产队"很快转为有活力、有凝聚力的团队，继而向"准部队"规范化管理迈进，员工精气神焕然一新，执行力大大提高。

诚然，把一个差团队打造成优秀团队，绝非一日之功。

一、优秀团队的标志

明确的目标　团队的每个成员虽有不同的目标、不同的个体追求，但作为一个整体，有形成共识的共同目标。

清晰的角色 组织架构合理、部门及岗位职责清晰，成员清楚在团队中的角色定位、职责、权限、责任。

规范的秩序 健全制度、流程、机制，建成有效的内控管理体系。

较强的技能 团队成员有较高的素质，具备实现共同目标的技能和执行能力。

高度的信任 相互信任和理解是一个成功团队明显的特征。

良好的沟通 团队成员间拥有畅通的信息交流、情感交流、工作交流渠道。

领航的领导 班子领导起到“船长”领航、示范的作用，给团队提供指导和支持。

忠诚的员工 团队员工把从事的工作当成是人生值得奉献的事业，有很强的荣誉感、成就感。

一个优秀的团队，一定是由优秀的班子、优秀的中层、优秀的员工组成，一定是由优秀的品质、优秀的规范、优秀的执行造就。

二、差团队的问题表现

在实际工作中，总有一些团队存在不同形式的问题。主要表现在以下几个方面：

目标模糊 单位的大目标可能是明确的，但它并未深入人心，团队目标没能统领个体目标。员工个人奋斗目标与团队目标很难契合，尚不能以团队的目标为目标。在团队中，有的人希望能够得到锻炼、提高能力，有的人希望获利，有的人希望成名。员工仅仅关心自己的目标是否实现，而忽视团队目标，工作就会被动、迷乱。

权责不明 责、权、利界定不清、分工不明或分工随意性大，员工各自为政。出了差错，找不到人来负责，又好像每个人都有责任，问题无法在第一时间得到有效处理。没有根据团队成员的能力进行有效的分工，没有根据现有资源进行合理的分配，没有根据事务进展情况进行适当的控制和发挥领导作用。

管理混乱 应有的制度和流程缺失，即便建立了也没得到遵守。失败的团队也许有一套完整的制度和详细的工作流程，但是，这套流程并不为团队的每一个成员认可。有些流程书面化，或者是按照管理者的单方面意志制定，得不到团队成员的认可，员工阳奉阴违的情况就会不断发生，既定目标会因这种不满而受到破坏。

奖罚不力 缺乏奖励和处罚机制或奖罚机制不能发挥作用。若团队成员在达到目标后没有得到奖励、激励，干好干坏一个样，员工为何还要干好？在数次之后员工将会丧失工作积极性，甚至会离开团队。而团队缺乏处罚机制，因成员的能力不足、操作失误等产生的问题，成员并没受到处罚，造成成员认为自己并不需要为自己犯下的错误“埋单”，从而形成出错也没事的习惯性思维。

沟通困难 沟通看上去容易，实则不易。信息不对称、想法不沟通、思想不交流，必然造成思想狭隘、意见分歧、矛盾难解。

难以协作 由于沟通不畅，缺乏默契和配合，能力和优势难以互补，人际关系复杂，难以协同工作。

缺乏民主 团队成员不能参与重大决策讨论；决策者很难听进或采纳员工合理意见和建议，民主决策程序缺失。团队成员游离于决策之外，就会对团队失去信心，失去积极性，而成员积极性、主动性的丧失对团队的打击是毁灭性的。

信任危机 下级对领导不信任，不执行领导的指令，或变相违抗领导指令。上级对下级不放心、不放权。上下互不信任。这样的团队必然执行力差。其原因是：员工不知道干什么，不知道怎么干，干起来不顺畅，不知道干好了有什么好处，知道干不好也没什么坏处。

三、打造体彩优秀团队

从强有力的执行力角度打造体彩优秀团队，笔者认为，要着力在“动”上下功夫。

班子带动重示范 团队建设、执行力提升关键靠班子带动，核心在“班长”。打铁还需自身硬。“班长”心胸宽、能力强、公正廉明，有亲和力和感召力，带领班子注重树立正气、树立形象、树立威信，使班子成员的目标、意志达到N+1＝“1”，打造成“团结、紧张、严肃、活泼”的班集体。班子副职作为单位领导，务必识大体、顾大局、求同存异；一荣俱荣，一损俱损；会前沟通，商议在先，决定在后；到位不越位，补台不拆台，立功不居功；坚决不搞小团体、不搞“小动作”，做团结协作的表率。

中层强，单位兴。中层干部是团队的中坚、是团队的支柱和“风向标”，既是工作计划的制订者，又是计划实施的“排头兵”，上下沟通、协调左右，桥梁纽带作用十分重要。班子领导给中层做示范，中层干部也要给部属做示范，把员工的心凝聚在一起，使每个人都心甘情愿地为团队尽心尽力地工作。一级带动一级，一级对一级负责。

慈不掌兵，义不养财。领导不严，员工不强。员工需要明白：对自己严格要求的领导，才是真正帮助自己成长的好领导。使我痛苦者，必使我强大。碍于情面，低目标、低要求、低标准只会养出一群“小绵羊”“老油条”“小白兔”，这是对下属的不负责任。

杠杆调动重激励 付出需要得到合理回报。按劳取酬天经地义。考核不是万能的，没有考核是万万不能的。比考核还重要的是关爱、表扬和激励。批评从表扬开始，感召从感恩建起。为员工设立多个单项奖，源源不断传输正能量，让员工处处时时处于被激发状态，目的是调动能动性、发挥潜能。

上下联动重协作 大雁有一种合作的本能，它们飞行时往往呈“V”字形。大雁飞行时会定期变换领飞者，因为为首的雁在前面开路，能帮助它两边的雁形成局部的真空。科学家发现，雁以这种形式飞行，要比单独飞行多出12%的距离。合作可以产生“1+1>2”的倍增效果。据统计，诺贝尔获奖项目中，因协作获奖的占三分之二以上。

一项工作往往要多人合作才能完成。提高员工执行力，就应着力增强员工主人翁意识和精诚合作意识。

体彩事业发展就像航船前进一样，每个人的命运都和这艘船紧紧地捆绑在一起。这就需要全体船员各司其职，共同配合，才能顺利抵达目的地。员工要树立把单位看成“这是我们的船”的理念，把上级、同事看作是同舟共济的伙伴，在这艘船上，自己是主人，而不是乘客！如果把自己当作乘客，一旦这条船出现问题，自己首先想到的是如何逃生。而把自己当成船上重要的一员，就会主动出主意、出力去解决问题，上下同心、密切合作去克服困难、渡过危机。

策动力是物理学一个力学名词，相对外力而言，物体运动因摩擦等而耗能，需要补充能量得以维系。如人们荡秋千，每一次运动都会有能量衰减，不时给予适度的推力（策动力）才能保持周期性运动。同理，人们在工作时会因各种因素影响而乏力。如何给予不竭能量？可以从以下几个方面来做：

管理补能 有专家研究将管理分为六个层级。一流管理者：自己不干，下属快乐地干；二流管理者：自己不干，下属拼命地干；三流管理者：自己不干，下属主动地干；四流管理者：自己干，下属跟着干；五流管理者：自己干，下属没事干；末流管理者：自己干，下属对着干。管理干部都希望是前几个层级的管理者，那就需要带头按制度办事，让员工在不断遵守制度中养成规范管理的习惯，获得自我管理的能量。

方法补能 员工在执行中遇到难题而一筹莫展时，领导及时给予方法指导，才是真正履行领导“导”的义务，自然也给了员工信心和能量。岳飞靠发明钩镰枪，教会士兵钩马腿而大破金兀术的拐子马。如果没有这个可行的方法，岳家军再勇猛也未必能取胜。“只要思想不滑坡，办法总比困难多”，给予妙招就是提供了“发电机”。学会抓主要矛盾和矛盾的主要方面、“牵牛鼻子”，分清轻重缓急，善于抓重点、重抓点、重点抓，都是行之有效的方法。

担当补能 检讨过失时，先从自身开始反省。事情结束后，先反思过错，敢于担责，知错即改。领导主动担责能为下属减负，往往能让员工轻装上阵、发挥潜能。

沟通补能 职场中善于沟通、积极配合是一种美好情景。当面沟通，当场解决。培养主动接受批评的情商，在沟通中讲究艺术，说话做事留有余地。常思己过，常学他人长处。个人融入团队主动协作，在团队前进中就会不断“充电”而积蓄能量。

带团队就是带团结、带信心、带士气，出凝聚力、执行力、战斗力。

打造优秀团队和提高执行力的研究，笔者最后强调的是：

第一，把自己摆进去 作为优秀团队的一员，摆正位置非常重要。处在什么角色，言行就要与之相适配。你是团队的主人，不是客人。对自己的定位、站位很清楚，时刻以主人翁姿态、合作的心态对待工作，不因自己的“短板”

而影响团队。

第二，把优秀当成习惯 从小事做起，坚持做好，时间长了就形成了好习惯。比如准时上班、提前到会，把优秀言行养成习惯，习惯性地去创造性思考，习惯性地去认真做事，习惯性地对别人友好……坚持下去，你的品质、素养都会得到很大提高。

第三，把主动当成纲领 “我要做”远高于“要我做”。主动沟通、主动提醒、主动谋划、主动想办法、主动担责……把主动当成行动纲领就会呈现强大的执行力。

第四，“我办事你放心” 有着保证完成任务的态度，不需上级过多查问、过多督促，设法提高执行能力，把工作做到位，这正是执行力追求的最高境界。

提高执行力是一个系统工程。勤于在执行中研究，精于在研究中执行，必将有力地推进体彩工作执行力理论与实践水平的整体提升。

（本文刊发于 2015 年 11 月《中国体育报》）

第六章

体彩精神品读

责任是体彩精神的基石

——品读体彩精神（一）

几年前到市体彩分中心调研，有位分中心主任说的一件事让我非常难忘。当时，电脑型体育彩票上市不久，用的是半热线销售系统。有天下午，有个门店的终端机出了故障，数据不能传到省中心机房。如果机房在开奖前收不齐销售数据就不能按时开奖，耽误了准时开奖，就会引起公众质疑，体彩公信力就会受损。急得一身汗的分中心主任果断抱起终端机，冒着大雪，不顾雪地路滑的危险开车奔赴两百多公里外的省体彩中心，经过紧急抢修，终于在开奖前修好终端机，没有误事。听了这位主任的诉说，我深感体彩工作责任重大。

体育彩票作为国家特许发行的彩票，是国家彩票，更是责任彩票。中国体彩精神“责任、诚信、团结、创新”把责任放在首位——责任重于泰山。

一、责任就是担当

什么是责任？有则小故事：有个老木匠准备退休，要与妻儿共享天伦之乐。老板舍不得一手好活计的老木匠，再三挽留，希望他再建一座房子。老木匠答应了，在盖房中心不在焉，用料不再讲究，做出的活计全无往日水准。老板没说什么，只是在房子建好后把钥匙交给了老木匠。“这是你的房子。”老板说，“这是我送给你的礼物。”老木匠愣住了，他这一生盖了多少好房子，最后却为自己建了粗制滥造的房子。他的后悔与羞愧众人都看出来了。这则故事告诉我们，身处一个岗位，就应尽职尽责，不好好履责就得承担相应后果。

责任是指必须要做的事或必须承担的事情。责任的含义有三层：一是指分内应该做好的事，即分内之事。这里的责任含义与义务的含义相同，如履行职责、尽到责任、完成任务等。二是指责任导致未能做好分内之事的过错或过失。如“对这件事的发生，我们大家都有责任”。这里的责任，含义是过错。三是指如果没有做好应做的事，而应承担的后果或强制性义务。这里的责任，含义是后果，如担负责任、承担责任等。

责任无处不在，存在于每一个岗位、每一个角色中。在一个岗位就要承担相应的责任，如家庭责任、社会责任、领导责任等。责任只有轻重之分，而无有无之别。享受一定的权利，必须尽到相应的责任。尽到一定的责任，才能享有相应的权利。不履行道德责任，会受到道德的谴责和良心的拷问；不履行法律责任，会受到法律的追究和制度的惩处。

笔者认为，体彩发行和销售担当的责任主要体现如下：

公益当先——担负社会责任 体彩发行销售面对社会公众，既是公益事业，又是市场行为，履行社会责任责无旁贷。从广义上说，从业人员是公职人员，必须遵守体彩法规。公益的特性决定了体彩工作人员不仅要认真履行行业职责，而且要担负相应的社会责任。

多年来，体彩发行销售机构自觉履行社会责任，将责任理念贯穿于市场营销、渠道建设等方面，取得了明显成效。

安全第一——担负法律责任 法律责任是指源于法律规定或当事人间的契约而产生的法律后果。大多数情况是在违反法律或契约之后，责任的内容才会具体显现。体彩销售、管理涉及大量的人流、物流和资金流。时常发生的错票、假票、抢票、盗票等事件警示我们：风险隐患时时处处存在，安全运营是体彩的第一责任。如果违反彩票管理相关规定，行为人必须承担相应的法律责任。

规范管理——担负行政责任 行政责任是指主体违反相关法律法规依法应承担的行政法律后果，包括行政处罚和行政处分。体彩行政责任是指体彩销售管理机构如有违反行政法规而应承担的责任。随着依法治彩的不断深入，总局体彩中心近几年加大计奖、开奖流程的透明度，组织一批批购彩者、代销者到体彩开奖大厅现场看开奖，体现体彩开奖的公开公正；通过技术系统维护数据安全，保护购彩者利益；各省体育行政部门出台公益金使用管理制度，督促省体彩中心向社会发布体彩社会责任报告、市体育行政部门公告彩票公益金的使用情况，践行责任彩票。

诚信经营——担负道义责任 体彩精神把“责任、诚信”等道义责任提到了新的高度。门店如有非诚信经营，就会危害体彩的公信力和体彩形象。没有履行道义责任，就要受到道德谴责并担负道义责任。

二、体彩依靠担责成就未来

在2012年全国体育彩票工作会议上，体彩精神首次被正式提出。中国体育彩票作为国家公益彩票，贡献国家、服务社会是体彩工作义不容辞的责任。

1. 责任彩票要维护体彩安全运营

体彩作为国家彩票，第一职责是维护好市场秩序、确保安全运行。

廉政安全要警钟长鸣 彩票涉及资金往来面广、量大。廉政风险无处不在、无时不在。销售机构务必把廉政风险防控放在工作首位，利剑高悬，认真履行“两个责任”“一岗双责”，依法治彩。从业人员务必学法懂法守法，依法经营。重大事项决策、重要干部任免、重要项目安排、大额资金的使用，要执行好“三重一大”制度。坚持“集体领导、民主集中、个别酝酿、会议决定”的民主集中制原则，守住“底线”，不越“红线”，不碰“高压线”。

技术安全要保驾护航 技术系统的安全是体彩销售运营最基础、最重要的保证。技术出现问题，一切工作无从谈起。互联网技术的发展，给了体彩广阔的发展空间，也给技术安全带来挑战。违规的互联网售彩给行业带来的冲击和教训历历在目。面对新技术、新问题，不仅要做到技术安全防范守土有责，而且要主动应对，加快研发、升级和制定规范标准，确保彩票技术系统安全。

宣传安全要预警防范 随着购彩群体的扩大和业务发展，一些纠纷的发生在所难免：有购彩者误解而致的原因，有门店销售不规范原因，或有宣传广告失误等。一旦有舆情危机事件发生，负面影响很大，而且长时间难以化解、消弭。总局体彩中心建立的危机公关风险预警和防控制度，得到了省市县体彩销售机构和门店的认同、落实，成为市场营销的“防火墙”。

内控安全要常抓不懈 省市县销售机构经过20多年的磨炼，使起初的“生产队”式管理向团队标准化管理迈进。随着市场扩展，还要注重建立内控管理体系，使人事管理、财金管理、资产管理在更加规范的轨道上运行，从而使安全管理得到坚强保障。

2. 责任彩票要确保彩票市场健康发展

中国彩票的健康取决于彩票市场的健康。体彩和福彩，相对于其他行业，虽有竞争但竞争的“火药味”并不浓烈，更多的是合作。促进市场共同繁荣与和谐发展已在中国彩票业形成共识，共进、共荣、共赢是共同的心声和愿望。

加强监管和协调。《彩票管理条例》第五条规定：“国务院财政部门负责全国的彩票监督管理工作。省、自治区、直辖市人民政府财政部门负责本行政区域的彩票监督管理工作。省、自治区、直辖市人民政府民政部门、体育行政部门按照各自的职责分别负责本行政区域的福利彩票、体育彩票管理工作。县级以上各级人民政府公安机关和县级以上工商行政管理机关，在各自的职责范围内依法查处非法彩票，维护彩票市场秩序。”这从法律上规定了各级政府部门和彩票销售机构要对彩票齐抓共管，各负其责。实践证明，正是由于政府部门履行了监管和协调等职责，对保证和维护彩票市场的健康发展，发挥了重要的守护作用。

3. 责任彩票要确保文化建设长盛不衰

体彩二十多年的长足发展，文化建设发挥了重要的“助推器”作用。体彩精神是体彩文化的重要方面，又是引领体彩文化建设的旗帜。文化建设的功能对体彩发展的作用十分显著。其导向功能对体彩整体和成员的价值及行为取向起引导作用。约束功能对体彩员工的思想、心理和行为具有约束和规范作用，会增强个体行为从众化的责任意识。辐射功能不仅会在体彩内部发挥作用，而且也会通过各种渠道对广大购彩者和非购彩者产生影响。品牌功能使超级大乐透、竞猜品牌在公众心目中的形象得到不断提升。

推进以体彩精神为引领的体彩文化建设是体彩生存和发展的内在需要。增强体彩文化建设的战略意识，推动体彩文化建设的战略实施，对提高体彩凝聚力、战斗力、公信力具有重要的现实意义。

国家彩票、公益彩票赋予体彩的责任光荣而艰巨。责任体彩的担当不仅给了体彩发展的定力，也给了动力和活力。

（本文刊发于2017年《中国体彩》）

诚信是体彩精神的灵魂

——品读体彩精神（二）

诚信是体彩的立业之本、经营之魂。河南业主归还500万元中奖票的故事，诠释了体彩人的诚信。

2015年11月13日，7星彩第15133期开奖，河南郑州31128体彩投注站有位购彩者中得2注500万元一等奖。大奖开出后，中奖彩票还在该门店的业主罗女士手中。原来，大奖得主刘先生是该门店的老购彩者，事前购彩时因有急事，没拿彩票就离店。业主核对刘先生留下的彩票是中奖彩票，就立刻告诉他中大奖的消息。罗女士说："我作为体彩门店业主，诚信是立业之本。"

中国体育彩票作为国家公益彩票，把诚信作为体彩精神的灵魂，是体彩文化建设的重要内容。

一、诚信是体彩的立业之本

什么是诚信？有个故事说的是一位顾客到汽车维修店，自称是某运输公司的司机。他对店主说："请在我的账单上多写点零件，我回公司报销后，有你一份好处。"店主拒绝了他的要求。顾客纠缠说："我的生意大，会常来的，你肯定能赚很多钱。"店主告诉他，这事无论如何我也不会做。顾客气急败坏地嚷道："谁都会这么干，我看你是太傻了。"店主正色道："我绝不做欺骗之事，请另换他店。"这时，顾客露出微笑，并满怀敬意握住店主的手说："我是那家运输公司的老板，一直在寻找一个固定的、信得过的维修店，我今天终于找到了！"店主的诚信感动了顾客，赢得了生意。

体彩事业发展就需要这样的诚信门店和诚信员工。

诚信是中国传统文化的重要内涵 一般意义上说，诚信就是诚实不欺、讲求信用。诚信是儒家为人之道的中心思想。《论语》说："人而无信，不知其可也。"意思是说，人如果不讲信用是不行的。

从广义上说，"诚"即诚实、诚恳，主要是指主体的内在诚实；"信"即信用、信任，主要指主体内诚的外化。"诚"更多的是指"内诚于心"，"信"则侧重于"外信于人"。诚信即诚实无欺，信守诺言，言行相符，表里如一。

诚信是日常言行诚实信用的合称，是一个道德范畴，是公民的第二个"身份证"。

诚信是体彩的立业之本 中国体育彩票是国家彩票、公益彩票、公信彩票。《彩票管理条例》《彩票管理条例实施细则》等法规规定了从业人员必须把诚信为本作为基本遵循。

诚信是体彩人的立人之品 "人无信不立，国无信不强。"莎士比亚说："如果要别人诚信，首先自己要诚信。"左拉说："失信就是失败。"曹端说："一诚足以消万伪。"（一个诚实的行为足以消解千万种虚伪）

诚信是一种优良品格。一个讲诚信的人一定是有道德的人、有责任的人。一个人讲诚信，代表他讲规矩、守信义，是一个信得过、值得交往的人。体彩销售员面对购彩者，唯有时时处处讲诚信，方能赢得购彩者信任，受到购彩者尊重。

诚信是体彩人的立店之基 体彩门店是中国体育彩票的形象窗口。门店每天都要与不同的购彩者打交道，言而有信，才能让购彩者信之。如果失掉了顾客对自己最基本的信任，人人避之，哪来生意？门店销售必须做到守法诚信，承诺是金。

诚信是体彩人的经营之魂 合约是市场经济共同遵守的信条。诚信是市场活动的最佳"钥匙"，是市场经济的灵魂，是行业真正的"金质名片"。

体彩的诚信体现在游戏规则制定、门店销售、渠道管理、开奖兑奖等环节做到公平、公正、公开、公信。游戏产品营销和活动宣传，都要讲究诚实有信，不可夸大其词，不可让人误解。

诚信体彩的基本准则——

坚决戒欺 中国现代著名学者蔡元培先生说过："诚字之意，就是不欺人，亦不可为人所欺。"知名徽商胡雪岩在杭州胡庆余堂药店中挂了一块"戒欺"的牌匾。该店之所以能够蜚声于海内外，其秘诀就在于此。延伸到中国体育彩票，诚实对待购彩者，"不欺客"是体彩成功的实招，也是体彩提升公信力的无价之宝。

信守承诺 我国素有"一诺千金"之说，"君子一言，驷马难追。"许下诺言，就须认真负责，切勿失信于人。守信是一种能为人们带来财富的无形资产。2009年施行的《彩票管理条例》第十八条规定：彩票发行机构、销售机构、彩票代销者不得以赊销或者信用方式销售彩票。现实中，购彩者往往有时不能到店购彩。笔者认为，门店答应代为购票，就应做到。当然，购彩者应及时还款，不得赊欠，也是互讲诚信的体现。

诚信待人 英国作家德莱赛说过："诚信是人生的命脉，是一切价值的根基。"诚实守信，履行承诺能够取得他人信任。诚信是人的修身之本，也是一切事业成功的保证。进店购彩者无论贫富、老少（18周岁以上），代销者要同等对待，热情服务。

过而能改 《左传·宣公二年》曰："人谁无过？过而能改，善莫大焉。"孔子曰："过而不改，是谓过矣。"由此可见，中国古代哲贤认为如何对待过错，是君子与小人的重要区别之一。古代哲人强调知过即改，这是诚实的一种表现。推及体彩，门店表达有误、打票出错、信息发错，就要马上纠正，表示歉意，这也是诚实守信。

二、诚信决定体彩命运

人无诚信不立，家无诚信不和，业无诚信不兴，国无诚信不宁。没有诚信，人就不能在社会上立足，家庭就不能和谐相处，企业就不能在行业中持久，社会就不能有序地运转。诚信的建立，胜于金钱与财富的积累。

有个案例，说的是一个购彩者拿着超级大乐透中奖票到某门店兑奖，中的是"4＋1"。当时大乐透中奖规则还未调整，奖金应是600元。销售员以为购彩者不懂规则，就说中了六等奖，票也不扫描，就给购彩者100元。购彩者回去跟别人一聊，有人说应该中600元。于是，购彩者回到彩票店论理，就发生了纠纷。这件事传出去后，该门店的形象和销售员口碑都很差。当地体彩分中心根据有关规定对其进行了处罚。此后，该门店购彩者越来越少。

“诚信决定存亡”，这是从无数历史和现实中得到的教训。2003 年南京冠生园因“陈馅月饼”事件而破产；2008 年三鹿集团生产的奶粉被发现有化工原料三聚氰胺，事件迅速恶化，重创中国制造商品的信誉，多个国家禁止进口中国乳制品，约有七成多中国民众不敢买国产奶粉。这些不讲诚信的案例警示体彩人——

失信的后果十分严重 一个体彩销售机构、一个门店、一个销售员代表着中国体育彩票的形象，其失信可能意味着整个体彩行业的失信。一旦造成信用危机事件发生，负面影响将直接危害体彩公信和事业发展。

失信的念头必须斩断 俗话说，好事不出门，坏事传千里。在网络媒体高度发达的今天，手机多屏化，录像机、录音机、照相机的普及使得人人都是自媒体。非诚信事件可能会在第一时间被曝光，公之于世。因此，体彩各级管理机构要教育和培训从业人员牢固树立“责任重于泰山，形象高于生命”的意识，从思想源头根植诚信为本的意识。

失信必须“埋单” 规范制度管理是体彩最基本的要求。体彩已经建立问责处理制度，依法治彩已成为新的常态。

三、诚信是体彩之魂

诚信是体彩文化的灵魂 诚信是体彩精神的灵魂，是体彩文化的核心价值观，是体彩管理和行为规范的核心理念，是体彩人的精神价值与共同追求，也是展示体彩形象、引领体彩事业发展的一面旗帜。

诚信故事传播正能量 体彩诚信事迹不胜枚举。感人至深的诚信事迹展现了体彩人的诚信品质，彰显了体彩的公信力，弘扬了体彩诚信的优良传统，起到了提高体彩队伍向心力、凝聚力和竞争力的作用。

广东体彩业主林海燕、江苏体彩销售员戴玉银、吉林体彩销售员王荣华、四川体彩业主罗斌等人都是在 500 万巨奖面前毫不动心、坚守诚信，他们获得了“全国道德模范”的提名。

这些代销者的诚信善举，树立了体彩的良好形象。

诚信营造友爱环境 以诚信相交，能增进友情；以道义相交，能持久友谊；以平等相交，能赢得尊重。体彩销售重在人际交往。诚信能营造一种和谐的关系，而这种关系是购彩者、业主和工作人员的期盼。

门店以诚待客、公平买卖、信守承诺方能赢得购彩者信任，换来顾客盈门。体彩同事之间以诚相待，容易营造团结合作的和谐氛围。诚信具有双向性，只有自己以诚对待同事和朋友，才能得到他人的以诚相报。

诚信保障体彩事业的安全 销售员的诚信是一种正能量，使体彩销售关系和谐。安徽省淮南市 08296 门店，购彩者刘先生十分青睐体彩“11 选 5”，有一次喜中 18 万余元，销售员算错账，多给了刘先生 5 万元。事后，销售员赶紧打电话告诉刘先生。当天晚上 9 点多钟，刘先生专门来到体彩店，表示歉意。他说，当时朋友都在等自己聚餐，自己没有数钱就走了。看完账单，二话没说将多余的钱退了回来。

刘先生能这样做，实与该店的热忱经营有关。这家体彩旗舰店环境优雅舒适，店内宽敞明亮，销售员服务热情，将购彩者视为朋友。最让刘先生倍感愉悦的是，在开奖直播中店员和刘先生朋友一起对着电视开奖画面帮刘先生喊号，真诚希望他能中奖。在这种友好氛围中，代销者和购彩者都讲诚信，也就没有了纠纷，避免了诚信危机事件的发生。

诚信是体彩的责任 诚信之于体彩生存和发展是如此重要，施教从业人员讲诚信、践诚信就成了体彩的首当之责。

有篇文章《着迷于倾听这样的心跳》，讲述了一位年过花甲的盲人，他在市中心开了一家报亭，货架上心形木盒子上面写道：“报刊愉悦您的眼睛，我只想听听来自您心灵的声音。”路边的监控摄像显示，没有一个人拿了报刊不付钱。恰恰相反，有人付了钱，看完后仍旧归还于货架上。许多人走到这个报亭时都会整一整衣衫和领带，仿佛他们去的不是报亭，而是虔诚地走进教堂一般。这个故事告诉我们诚信是多么美好、纯洁。

诚信是一种品德，也是一种习惯。对体彩人诚信的培养要从人员上岗培训开始，到管理人员的言传身教，再到各种营销行为的实践，始终引导从业人员去知晓诚信、践行诚信、坚守诚信和传播诚信。

20 多年来，体彩人奉行“来之于民、用之于民”发行宗旨，卖的是投注单，收的是销售款，筹的是公益金，献的是诚与信。体育彩票不仅是购彩者寄托希望的消费品、娱乐品，更是一种内涵与外延得到不断丰富的体彩文化载体。

诚信是“一把尺”，它的标准在购彩者手中，量的是公开、公平、公正；诚信是“一面镜”，它能照出真与假、善与恶、美与丑；诚信是“一盏灯”，引人走向黎明，点亮心与心之间的路程；诚信是“一座山”，它需要修身养性、战胜自我。无论遇到多大的诱惑和困难，都要坚持诚信的准则。

拥有诚信，事业就有了根基。坚守诚信，体彩便有了成就。

（本文刊发于2017年《中国体彩》）

团结是体彩精神的核心

——品读体彩精神（三）

2011年元月，安徽省池州市体彩分中心专管员小周不幸患了口腔重病。省中心发出捐赠倡议后，全省体彩人纷纷伸出援助之手，不到七天就捐款103500元。小周接到这笔善款非常感动，团队的爱心给予他巨大鼓励。他说："这笔救命款使我获得重生，我一定努力工作来回报体彩人的厚爱。"小周战胜病魔后，工作更加勤奋，成为分中心业务部长、班子成员，被评为"全省优秀专管员"。

这就是团队的友爱，这就是团结的力量！类似这样的事例在体彩还有很多。

回顾中国体育彩票的发展历程，团结精神始终如一。体彩把团结作为体彩精神的核心，彰显了体彩人团结求发展的信心和力量。

一、团结是体彩发展的根基

团结，字典解释：为了集中力量实现共同理想或完成共同任务而联合或结合。团结不是为一己之利，是团队目标价值的共同取向。团结是一种修养，是一种责任，是一种能力。一个讲团结的人一定是一个识大体、顾大局的人，也一定是一个高尚的人。

家庭、集体、民族，单位、企业、行业，无不需要团结。团结就是力量，团结就能进步，团结就能更好地生存和发展。

体彩大团结，既是体彩事业发展的"生命线"，也是团队建设和事业发展的永恒主题。一个单位团结搞好了，就能出政绩、出干部、出经验、出形象。团结的团队才能使大家同心协力、优势互补，更好地完成任务，也会更好地促进个人成长、进步。

体彩发展历史告诉我们，团结是体彩事业发展的宝贵经验，团结精神已植根于每一位体彩人的内心。

二、团结是体彩精神的核心

泰戈尔说："唯有具备强烈合作精神的人，才能生存，创造文明。"团结是全国体彩系统实现共同理想、完成共同任务的"核心凝聚力"。正是团结发展，使体彩有了无限生机和活力。

团结是体彩文化的灵魂 中国体育彩票标志由五种不同颜色的彩票抽象条形图案组成，五种颜色分别为黑、红、绿、黄、蓝，与奥林匹克五环标志的五种颜色相对应。五张彩票围成一个中心，象征全国体彩同仁团结一心。

中国民谚："一根筷子易折断，十根筷子硬如铁""人心齐，泰山移""众人划桨开大船"……这在体彩人身上得到充分体现。总局体彩中心发出渠道建设、营销宣传的号令，省市县体彩中心群体响应，显现整体的团结。这些年来，省市县体彩销售机构正是在总局体彩中心的统领下团结合作，突破一个又一个难关，取得一个又一个成绩。

团结是做好体彩工作的基石 团结关系体彩事业的根基。工作、生活在一个风清气正、团结和谐、相互信任的环境里，就会心情舒畅、精神愉悦，浑身有使不完的劲，就能一心一意干事业。反之，工作、生活在一个矛盾重重、关系紧张、彼此猜忌的环境里，就会心情压抑、精神沮丧，难以凝神聚力投入工作。正因为如此，体彩人视团结为生命，始终坚持把加强和维护团结作为构建体彩"大厦"的基础力量。

团结是体彩弘扬正能量的体现 有许多离开体彩岗位的同事，无不留恋体彩。他们对当初骑车去摆场销售即开票、默契配合、共渡难关的往事念念不忘。无论是在门店销售、品牌宣传、渠道建设，还是在团队建设等方面，体彩都倡导团结合作精神。加强团结，就要增强"能干事"的本领，提高"会共事"的水平，形成心齐气顺、风正劲足、干事创业的氛围。

三、体彩团结倚重凝聚

团结精神是凝聚员工的精髓。从省市县销售机构组成的小团队，到总局体彩中心，形成一个“金字塔”形的大团队，每个团队团结了才有整体团结。要达到“团结、紧张、严肃、活泼”的局面，笔者认为要做到以下几个方面。

团结需要形成共识 团结很重要，但在有的单位不团结、不和谐的现象依然存在。搞好团结先要提高认识。团结出战斗力，不团结产生“摩擦力”，甚至产生破坏力。团结能实现价值，不团结会出现内耗。团结困难，不团结容易。一句话就能导致不团结，百句话可能难以恢复团结。在一个单位，领导团结能感染下级，但领导不团结会“传染”给员工，负面效应会很快放大。

团结需要目标引领 目标是指挥棒，指引团队前进。团结需要有一个能为成员认同的目标来引领。引人奋进、切实可行、具有挑战意义的目标能激发工作动力和奉献精神。

红军长征之所以取得伟大胜利，是因为有一个为所有贫苦人民打天下的共同目标，统领他们精诚团结、不怕流血牺牲，战胜千难万险。伟大的长征精神、伟大的团结精神时时激励后人。体彩在团队目标的召唤下，厘清不同时期的工作重点，比如把门店建设作为阶段重点，当门店数量达到一定规模时，以提质为重点。当门店渠道建设成熟后，实现战略转移，以品牌建设为重点。一个接一个的目标凝聚员工的智力、精力，把力量凝聚到干事上。

团结需要团队精神 单位、集体不一定是团队。团队的标志体现在团结合作、有执行力和战斗力上。团结是团队精神的核心。每个成功的企业都有一个与企业文化一脉相承、卓尔不凡的团队精神。体彩团队精神体现在目标一致、协同共进、荣辱与共上。

在经济转型和体彩销量高位运行时期，体彩面临的情况和环境极其复杂，市场扩展和可持续发展的压力加大，单靠个人、个别团队，很难化解各种难题，需要体彩各个团队进一步相互依赖、共同合作，建立“联合舰队”来解决，这种力量来自体彩的团队精神。团队精神的核心是共同奉献。

团结需要宽广胸怀 胸怀决定格局，心界决定境界。一个人要成大事，必须有格局、大局、全局观。在一个团队，每个人学历、阅历、经历和认知水平各不相同，各有自己的观点、目标、思路，看问题难免有分歧。如何求同存异，需要宽广胸怀来包容。

宽容别人，就是肚量。谦卑自己，就是分量。合起来，就是一个人的质量。学会宽容，世界会变得广阔。忘却计较，人生才会快乐。在体彩繁累工作中，我们能有这样的胸襟和忍让，一定能够获得巨大力量。走在一起是缘分，一起在走是福分。在团队，“吃得亏在一堆”“退一步海阔天空”。谁都愿意跟一个胸怀宽广的人、心善厚道的人共事。

团结是成功的根基，团结需要多方凝聚。用什么来凝聚团队？

弘扬文化来凝聚 团结是一种文化，更是一种文明。体彩文化把团结作为体彩精神的核心，揭示了体彩文化的真谛。团结的灵魂是包容、协作。体彩团结依赖于个体素养、自觉融入、遵守规矩、乐于助人。体彩文化体现在团结上，需要团结的合力、克难攻坚的精神。只有懂得团结才能发挥自己、发展团队，才会把协作当成己任。

遵守规矩来凝聚 一个乐队要奏出和谐美妙的乐曲，必须以乐队指挥为中心、团结协作。一人一把号，各吹各的调，不会奏出悦耳的乐曲。规矩的约束能促进团结。制度建设是维护正当权利、保证正常秩序、增强团结的保证。纪律、规矩是维护团队有序的重要保障。

当好表率来凝聚 单位“领头羊”、班子成员和中层干部是团队团结的核心力量。其正向作用和反向影响都是巨大的。领导务必言而有信、勇于担责，遇困难向前，有功劳退后，不争功、不诿过；班子成员既讲原则又讲友情，既讲奉献又讲风格，相信人、理解人，做维护团结的表率，就能赢得人心、换来支持、凝聚团队。懂团结是大智慧，会团结是大本事。

相互关爱来凝聚 关爱能发挥巨能。像本文开首所述，小周得到体彩大家庭的援助，自然以体彩为家、全心全意为体彩工作。作为组织和领导要坚持“以人民为中心”，把真心关爱同志、真正为群众解难作为成就业绩、成功做人的标准。在工作上互相帮助、生活上互相关心，就能使团队成员既有“家”的责任，又有“家”的温暖。

团结彰显活力，团结迸发激情，团结激发创造。团结的团队能给人无穷力量，实现价值和理想，获得愉悦和幸福。正是这些共同心愿，我们胸怀“让他三尺又何妨”、名利浮沉如浮云，团结就会随时处在“联网”中，并能“无缝链接”。

体彩犹如一个大家庭，精诚团结已成为发展动力，体彩人能自豪而光荣地感受团结带来的温暖，体味人性善良的融洽，数年后，回首曾经团结合作、并肩作战而取得的可人业绩，多么欣慰和难忘。我们期待体彩大团结的不断辉煌。

让我们为此努力和守望！

（本文刊发于2017年《中国体彩》）

创新是体彩精神的精髓

——品读体彩精神（四）

河南洛阳一家门店业主张大姐，开店前不懂竞彩，看到周边竞彩店都在力推竞彩销售，销量与日俱增，她就认真请教专管员，苦学深钻。不到半年，她终于掌握竞猜玩法技巧，加大营销宣传，为购彩者提供优质服务，创新多种方法推广竞彩。功夫不负有心人，现在，该店的月销量是去年同期的好几倍，被评为“全国优秀体彩门店”。

五大发展理念把创新发展放在首位，足见创新的重要。当前，在“大众创业、万众创新”的引领下，体彩把创新视为体彩精神的精髓，作为体彩战略发展的重点，积极倡导创新驱动，这是时代的选择、市场的选择。

一、创新是体彩发展的动力

创新是求变求新　创新，顾名思义，创造新的事物。创新有两种含义：一种是创造了新的东西，0→1，“无中生有”。另一种是本来存在一个事物，将它更新或者造出一个新事物来代替，1→N，“标新立异”。创新包含创造，创造包含创新。人类的创造创新可以分为两个部分：一是思考，想出新主意；另一个是行动，做出新事物。创新主要是思维创新和行动创新。

《现代汉语词典》对创新的解释是：创新就是抛开旧的，创造新的。在西方，创新原意有三层：创造，就是造出原来没有的东西；更新，就是对原有的东西进行替换；改变，就是对原有的东西进行发展和改造。创新需要创造精神、进取心和创造力。创造性是每一个人具有的天赋、潜能。创新涉及各个领域、行业。“创新是推动民族进步和社会发展的不竭动力。”

创新并非易事 创新没有经验借鉴，往往是“摸着石头过河”。创新意味着要“变”，而要改变一个人的固有思维和习惯不是易事。创新意味着付出，要付出心血、汗水和代价。创新意味着风险。创新可能招致非议、积极性受到挫伤，可能会失败，甚至会产生不良后果和影响。创新所需的必备条件往往受限。创新往往不是一帆风顺、一蹴而就。

创新需要学习研究 学习是一个人立世建业的基本需要。一切收获来自学习的结果。创新需要一定的灵感，需要产生强烈的求知欲和创造力，这要从勤奋学习和知识累积中、从创新理论研究和工作实践中来获得。

创新需要动力和保障 创新需要一定的物质保障和精神激励，获得动力支撑。创新的目标任务需要得到认可，需要借助外力，需要组织支持，更需要人财物的保障。内力和外力形成合力，方能发挥动力作用。创新需要减少“摩擦力”，给创新提供良好环境。

创新使体彩增辉添彩 体彩因为创新才有了前进的动力，创新给体彩带来活力。比如，近几年总局体彩中心创新公益宣传，推出“新长城助学计划”“快乐操场”等活动，提升了体彩公益形象。开展的购彩者看开奖活动，增强了体彩公信力。全国多地门店建立的“体彩环卫工人爱心驿站”等，都得到社会的好评。

创新是体彩发展的“发动机”。体彩技术的不断更新，保证了体彩数据管理安全；营销宣传的创新使体彩公益形象和美誉度不断提升；渠道建设的创新使体彩终端保持旺盛发展。

二、创新是体彩发展的内需

这几年，体彩在销量高位上之所以能稳健销售，是因为渠道建设、规范管理、营销宣传的开拓创新。创新是体彩事业生存和发展的制胜法宝。

创新是体彩生存的需要 从宏观来看，体彩早已步入健康发展的轨道。从中观来看，有的游戏产品上市时间较长，购彩者有“审美疲劳”。有的产品老化、品牌竞争乏力；有的区域游戏产品销售不平衡。从微观来看，局部地区门店生存难；销售安全和廉政安全隐患依然存在，有的地区内控管理缺失导致工作低效等。这些瓶颈制约因素和一些体制机制的“老大难”问题，足以让体彩人保持清醒头脑，唯有通过创新来改进、改善。

创新是体彩发展的需要　在国家高质量发展要求的驱使下，体彩要对市场新的发展要求和发展趋势做出精准研判，牢牢把握体彩发展总体向好的基本面，全面深化改革和创新，注重人力资本素质提升、技术改进、渠道提质发展的全面创新。

敢于走前人没有走过的路的拓荒者，是永远不朽的。高尔基说过，保守是舒服的产物。事业要发展，工作就不能总是“今天重复昨天的故事”，干一年、两年还是“涛声依旧”。在创新成为人类赖以发展不可或缺的素质时，依然循规蹈矩，只会是原地踏步走。

创新是体彩突破的需要　创新才能突破。创新求突破必须做到：第一，思想认识的突破。没有创新意识就没有创新行动。小富即安，满足于过好眼前的“小日子”，当然不需要去创新。解放思想、转变观念也是创新。以“唯销量论”为中心的“创新”往往劳民伤财。真正管控好市场，就得注重彩票销售理论的研究，把握彩票市场发展规律，从思想认识上突破思维定式的困扰，创出适合本地区的发展方式。第二，机制创新的突破。在规范有效的框架下对人财物的管理模式进行重构，建立新的内控管理机制，以确保更加规范、通畅。第三，品牌建设的突破。撬动市场、保持市场繁荣必须有品牌引领，做好规划，打造公益、公信品牌的“航母”。第四，制约瓶颈的突破。找出制约本地区发展瓶颈的主要因素，解决主要矛盾，因地制宜地创新发展模式。第五，管理水平的突破。这是创新工作方法、取得工作进步的必由之路。

三、体彩发展凭借创新“引擎”

李四光告诫我们：“科学的存在全靠它的新发现，如果没有新发现，科学便死了。”著名企业家艾柯卡指出：“不创新，就死亡。”从体彩工作创新途径看，坚持不断创新，需要高质量的创新。

坚持本质特色，打造高端品牌　公益形象是体彩发展的一面大旗。光大公益形象是体彩工作的亮点。提升体彩形象，需要公益、公信品牌来引领。总局体彩中心 2016 年 9 月推出公益、公信等品牌的创建，是体彩战略发展的重大举措。

坚持提质增效，推进全面创新 当数量发展到一定规模时，注重质量和效益的提升往往成为创新的重点。在门店渠道建设、营销宣传、队伍建设、体彩文化建设等方面，努力实现从粗放式管理到精细化管理、从松散式管理到集约化管理、从人工管理到智能管理的转变，培育新的增长点，打造创新的“升级版”。

如何实现？要增强对创新驱动发展的认知，积极实施创新驱动发展战略，确定创新的突破口，努力形成新的增长动力。例如，2016 年，竞猜型彩票确定了“三抓三促”工作思路：抓重点赛事、话题赛事，促进销量增长；抓扩点和分级分类实施“赛事出门”，促进实体渠道结构优化；抓多元化营销宣传，促进竞彩品牌影响力提升。各省市充分利用“欧洲杯”等重大赛事的契机，督促门店深耕细作，开展各具特色的市场营销活动，实现了竞猜型彩票品牌知名度、购彩客户群体、产品销量的同步提高。

近几年，许多省市重抓渠道建设，新建门店采用“阳光”征召、“挂图作业法”等，积极开展跨界合作，开拓社会渠道。这些创新，使得实体店的数量和质量不断提升。

坚持优质服务，扩大购彩群体 体彩的一切管理、服务、营销，出发点和落脚点都是在扩大购彩群体、提升公益形象上。在“互联网＋”时代，体彩不仅是产品生产者、提供商，还是通过游戏与服务来预测购彩者需求的客户营销商，这就需要以服务购彩者为中心，运用大数据理念进行精准营销、跨界营销，把优质服务以各种形式融入体彩新技术研发、经营管理、运营维护中。

门店宣传的创新千姿百态，比如店内吊旗的使用。十来张小吊旗穿成一串挂在店内，习惯性做法会产生“审美疲劳”，挂不好还有点应付差事的感觉。需要讲究翻新：造型上不只是穿成一串，可做多重排列、错落有致，目的是吸引眼球，可以附加元素——粘贴一张热销即开票或中奖票，就有“1＋1＞2”的效果。

近几年，许多省市县体彩中心开通微信公众号，通过手机及时了解体彩动态，增加开奖信息、玩法走势、身边站点查找功能，大大方便了购彩者。2016 年，安徽省有个市分中心首创别具特色的门店“微场景”宣传，打开该市门店微信朋友圈，新赛季广告弹出画面，门店名称、地址清晰可见；点击“电话框”，购彩者可以直接与业主联系，咨询赛事信息、开奖结果；点击“最新活动”，超级竞彩季、开门送豪礼等活动介绍一目了然。创新服务方式，只要动动手指，体彩就在身边。

创新是发展的第一动力。谋创新就是谋未来，抓创新就是抓发展。引领体彩发展新常态，关键要依靠有质量的创新并转换成发展的动力。总结历史经验，我们发现体制变革释放出的新动力，科技进步造就的新保障，渠道建设的新创造，营销宣传的新活力，成为体彩健康、可持续发展的重要支撑。

在“十三五”期间，新一轮科技和产业革命正在创造历史性机遇，催生分享经济、智能管理等新理念、新业态。全面创新改造传统业态的潜力是巨大的，创新带来的巨大商机，正在创造巨大需求。

让我们趁势而上，实施好创新战略，加大可持续发展需求的创新，创造一个又一个佳绩。

（本文刊发于2017年《中国体彩》）

第七章

学习感悟

让体彩调研更接“地气”

习近平总书记指出：“调查研究是谋事之基、成事之道。”调研是党的优良传统和工作作风，是科学决策的依据，是领导干部的基本功，是坚持群众路线的具体体现。体彩销售依靠实体店，大量的事务在基层，到一线调研是管理者必做的功课。

记得来体彩中心工作不久，第一次到市分中心和体彩店调研，分中心的同志带我看的门店销量高、形象好。回到省中心，同事问我下去调研有何收获，我说基层的体彩工作做得好，没发现什么大问题。同事笑笑，没有说话。我意识到我的调研有问题。仔细一想，这次调研实际上是事先打了招呼，走的是“规定路线”，看的是“优秀门店”，听的是“溢美之辞”。我只看到表象成绩，回避实质问题；只听赞歌，没查不足。我满足于转一转、看一看，调研之后吃顿饭，蜻蜓点水，不接“地气”。

第二次下市县调研，我事先拟好调研提纲，下载了门店分布图，做足准备，不打招呼直奔门店。在第一个门店，我问销售员一天有多少购彩者进店，他告诉我：“每天最多有十五六个人进店。”我问前两个月销量是多少，他说每月销量不到 50000 元（月收入 4000 元左右）。这家门店的经营状况虽属少数，但其收入去除房租、水电、工资，确难生存。交谈中，我发现问题不小。这让我认识到调研应该着重发现主要问题是什么、为什么没能得到解决、怎样去解决。此后，我对接“地气”的调研做了认真研究。

“地气”通常是民间用语，指大地之气，从地底下向地面返上来的气息。调研的“接地气”引申为广泛接触基层，与群众打成一片，真实反映民众的愿望、心声和诉求。体彩门店从省市县辐射到乡村，相关工作涉及渠道建设、营销宣传、服务管理等，事多、面广。发现问题、解决问题就要从调研入手，下基层找发展短板、到门店寻制约瓶颈。

在实际工作中，有的同志认为在体彩工作时间长，对基层情况很了解，不需要下去调研；有的同志满足于坐在办公室听汇报、打电话，不愿下去调研；有的同志长时间不下基层，偶尔找个空下去转转，接不到基层的“地气”，接不全“地气”，难接真“地气”。这三种偏差造成得不到第一手真实材料，缺乏对事物真相的了解，容易导致决策的主观臆断、决策失误，甚或助长形式主义、官僚主义之风。如何让体彩调研更接“地气”？

一、接“地气”的调研就要“赤巴脚”，注重“诚”

“赤巴脚”就是双脚踏入泥土，“一头汗两腿泥”，感知土壤的温度，汲取大地的滋养。如果穿着“皮鞋”，官气十足，隔靴搔痒，就很难接“地气”。干部下基层要带着诚心、带着责任，不但“身入”，而且“心入”，诚恳、平等地对待代销者、购彩者，讲“地方话”、讲内行话，以诚心学习的姿态跟他们拉家常，就能听到“贴心话”，发现“弯弯绕”。

二、接“地气”的调研就要“下秧田”，注重“真”

“知屋漏者在宇下，知政失者在草野。”到基层调研，如果站在“田埂”上走马观花，发号施令，对基层最盼、最急、最忧、最怨的问题漠然视之，就会听不到真话。“下秧田”就是要“以人民为中心”，把“为民”放在最高位置，带着真情下去，真心求教购彩者、代销者，真正想销售员所想，急门店所急，问计于民、问需于民。比如，门店诉求能否免去每月 100 元的终端机租赁费，省级销售机构就要积极协调，列入预算，争取给门店“减负”。满足门店的真实需求，就能得到门店的真心拥戴。这样的调研，因为放下架子，和基层“无缝对接”，既能从多层次、多方位、多渠道了解实情，又能帮助基层解决实际困难，真正受到群众欢迎。

三、接“地气”的调研就要“扎猛子”，注重“实”

“实”就是要转变工作作风，不做“宅男”“宅女”，到实地调查面对面、工作实打实，听实话、察实情、想实招。有些调研要不打招呼，做随机性调研，避免出现“被调研”现象。明察与暗访相结合，既要到那些渠道建设、队伍管理做得好的地方去总结经验，也要到销售差、份额低等困难较多、情况复杂、矛盾尖锐的地方去研究问题、解剖“麻雀”。既要听代销者的顺耳话，也要听购彩者的逆耳言。这种“一头扎到深水区”的调研，才能在群众中找到解决问题的“源头活水”，找出解决问题的思路、对策。

四、接“地气”的调研就要“看后院”，注重“促”

只开座谈会、看材料，不能了解群众真实意愿；只听经验介绍，不能触及问题症结；只看“窗口门面”、不进“角落后院”的调研，难以达到调研目的。深入门店不仅要看店内超级大乐透、即开票展示、竞猜赛事出门等标准要求执行情况，而且要到“后院”看看是否摆放了影响体彩销售的“老虎机”、是否有卫生间（方便购彩者），更要看店外环境整理、营销宣传，还要问问门店有哪些实际困难。发现门店打印纸快用完，就要马上告诉分中心工作人员，以最快速度送货上门。

“接地气”的调研要坚决反对“三拍”：先拍脑袋决策，再拍胸脯表态，后拍屁股走人。下基层调研就要带着目的、带着问题、带着关心，切实帮助一线释疑解难。在调研中督促整改十分重要，需要执行有效的奖罚机制，促进问题解决。

五、接“地气”的调研就要“正衣冠”，注重“严”

中央“八项规定”第一条指出：“到基层调研要深入了解真实情况，要轻车简从、减少陪同、简化接待，不张贴悬挂标语横幅，不安排群众迎送，不铺设迎宾地毯，不摆放花草，不安排宴请。”领导干部下基层调研务必遵守廉政纪律和工作纪律，严于律己，慎言慎行，注重树立领导干部的良好形象。减少陪同人员，最大限度地减少对基层工作、对门店销售的打扰。

总之，接“地气”的调研有助于领导干部克服片面陈旧的思想观念，纠正僵化保守的思维方法，去除道听途说的主观任性，提升开拓创新的思维能力，增强帮助基层解决难题的“底气”“灵气”。

体彩人员分散、门店分散，出现同一问题可能原因多多。接“地气”的调研要坚持问题导向、确立实效标准，在确定调研主题上，不“嫌贫爱富”，做到哪里问题大就到哪里察看；在调研过程中，要懂“家长里短”、要知“油盐酱醋”，改“键对键”为“面对面”；在调研方法上，可以“下去一把抓”（也听专题之外的反映），“回来再分家”（分类研究，列出整改清单）；在听调研结果汇报上，变“经验介绍”为“病因剖析”，研究解决办法；在促进落实上，要加大跟进督改力度，敢敲“当面锣”，不打“隔山炮”，确保调研成果“落地生根”。

概括地说，这些做法就是要把调研发现的难题列为课题，把课题变为项目，把项目变成责任，把责任变成作为。

（本文刊发于2022年第6期《中国体彩》）

做好“三重一大”会议记录要把好“五关”

编者按：笔者在省体彩中心工作时，发现部分市分中心“三重一大”会议记录不规范，存在不少问题。“三重一大”会议记录是单位廉政建设、规范管理的重要内容。有一年，我们把规范“三重一大”会议记录列为分中心年度考核内容之一，对分中心“三重一大”会议记录进行展示、点评。此后，分中心高度重视“三重一大”工作，“三重一大”会议记录得到了很大改进。本文将我在全省体彩分中心工作研讨会上的培训课件整理成文稿，供大家参考。

“三重一大”，即重大事项决策、重要干部任免、重大项目投资决策、大额资金使用。重大事项决策、重要干部任免、重要项目安排、大额资金使用，必须经集体讨论做出决定的制度，简称“三重一大”制度。坚持“三重一大”制度是单位规范管理的一项重要工作。

体彩资金量大、面广，其“三重一大”会议记录非同一般的会议记录。它能记载依法治彩、依规工作的真实情况，使人财物技管理有据可依，是廉政风险防控的重要保证。做好会议记录是秘书工作的基本功，也是领导干部管理工作的必修课。在实际工作中，总会出现这样那样的问题。分中心的同志身兼多职，分中心缺乏专业文秘，能做到很规范的记录是件重要、不容易的事。

一、会议记录的内容

会前准备情况　在开会前，记录人员（秘书）要把会议的有关情况写好，有八个要点。会议标题：①标明会议类别。②开会时间：写明年月日和起始时间。③会议地点：写明在何处开会。④会议主持人：姓名、职务。⑤会议出席人：出席会议的正式成员，按职务排列顺序列出。⑥会议列席人：不是会议正式成员，由于工作需要而参加会议的人。⑦缺席人：缺席人的姓名、职务和缺席原因。⑧记录人。以上涉及人员要写姓名全称，参会人员分别签到。

会中进行情况 会议议题和会议主持人的启示性讲话是重要的记录内容（多项议题的会议要用数字依次标出）。与会人员的讨论发言是与会者对会议议题和会议主持人讲话的直接反映。记好这部分内容十分重要（会议发言要按照发言顺序记录，发言人姓名要写在段首）。会议的决定、决议和会议主持人的总结及结论性意见是会议成果的综合反映，是会议记录的主体。这些决定、决议是与会者贯彻会议精神的依据。会议进行情况还包括休息、散会等，也可记录。

会后整理情况 会议结束后，记录人员根据需要和规定，认真分析、研究记录，及时草拟会议纪要、简报、文件等，这是会议记录的延伸和成果。“三重一大”会议涉及的大额经费使用等，应形成纪要或文件，作为工作执行、发文、报账等的依据。

二、存在的主要问题

1. 不规范

行政会和党务会不分，或与业务会混同记录。主要领导想开就开，随意性大；班子成员开会前不知晓议题，会前没沟通、没酝酿，导致会议材料准备不足，上会仓促；有时固定记录人不在，临时找人代记，或让参会人代记；应到会人数未达法定人数，或以列席人凑数，记录人将列席人记为出席人；主要领导“一言堂”或先入为主，其他人员只能附和，甚至没表态就算同意，未能记下“议”的过程；决策事项没按照民主集中制原则，不符合决策程序，记录“决”的结果不完备。

2. 不完整

会议标题、时间、地点、主持人、记录人等记录不全；出席人、列席人不分，只记职务简称，不记完整姓名；会议无主题；没按议题顺序记录；记录慢，发言人关键内容没记下；发言人表达重复，记录人难以记下主要意见；相关会议材料没有附上或不齐备。

3. 不完善

有议没决，决而没定；重大决定，会后无会议纪要，或没制发文件。

三、做好会议记录要把好“五关”

责任关 主持人应分清“三重一大”会议和一般业务会、工作会的区别；会议议题要事先告知参会人员，把握好“集体领导、民主集中、个别酝酿、会议决定”的原则，事先沟通、商量，做好方案、材料传阅等。会议记录人在主持人的指导下做好会前各项准备，将时间、地点、内容等一一通知参会人员。

制度关 制定行政办公会、党务会会议制度、“三重一大”会议制度、“两个责任”制度等。

规范关 会议记录应采用统一制发的专用会议记录本或记录纸，会后要立卷归档，专人记录。记全会前、会中的主要内容和关键词句。依据会议记录，及时形成会议纪要或文件。平时要注意保管好会议记录。年终，应将会议记录存档。

“三重一大”会议非同一般会议：在决定重大事项的会议上，主持人应向会议作决策决定的说明，回答领导班子成员的询问；领导班子成员应对决策、决定明确表示同意、或不同意、或保留个人意见、或缓议的意见。因故不能到会的可书面表达意见。主持人在充分听取其他领导班子成员意见的基础上，最后发表意见，不得对议题事先定调，不作倾向性发言——坚持“末位”表态。记录人要全神贯注记录好。

培训关 要对记录人进行专业培训，让其全面掌握规范记录的要领和技巧。也要对参会人员培训，知晓“三重一大”会议的决策和执行程序、要求；参会者应事先对重大议题作调研、分析，会中发言可列出发言提纲，方便记录。

素质关 会议记录看上去简单，但实则不易。担当会议记录人并不是人人都行。选用会议记录人应具备三种素质：

一是要有高度的政治责任感。工作中要一丝不苟，不出现遗漏差错。会上不管讨论什么问题，记录人都要只听不说，会后守口如瓶，不可向无关人员透露。做到这些，就要有很强的保密意识，有高度的政治责任心。

二是要有较强的听知能力。记录人员在会议中始终处于被动地位，精力必须高度集中，耳、脑、手都要紧跟发言人的讲话；在听别人发言时，要有快速反应力，深刻的理解力，较强的记忆力，准确的判断力。具备这些听知能力，才能迅速记下要义。

三是要有较强的写记能力。会议记录人员的任务是把会上的发言变成文字材料，具备这样的能力需要记录人员具有较丰富的知识和较强的文字表达能力。既要记得快、记得准，又要写得好。

四、应注意的问题

一是会议记录必须真实、准确、全面、完整，不能随意增删改动。记录人速记要忠于原话，段落要清楚，文字要准确，特别是表决时，赞成意见、分歧意见、反对意见和保留意见等，都要写原话，把会议情况真实地记录下来。

二是会议记录的整理，要做到文字规范化，不能更改原意。

三是印发会议纪要前，须经签批人审定。

四是会议记录要妥善保管，不得外传或遗失。

（本文刊发于2017年《足球世界》）

批评，从表扬开始

编者按：笔者到基层调研，经常发现干部批评下属。有的干部批评语气和态度不好，不讲场合和方法，让人很难接受批评。一线工作人员压力大、很辛苦，难免忙中出错，有时也很懊悔和无奈，需要安慰和理解。批评要讲究方法，让人信服才会去改进。本文探讨一种批评方法，希望能够有用。

身在职场，总会受到批评或批评他人。有的批评能接受，有的批评即便正确，因为方式、场合、语气等不合适，就很难让人接受。批评的目的是要批评对象改错、改进，但要讲究方法、艺术。不妨，批评从表扬开始。

表扬能给人信心、力量，给人成就感、舒服感。批评有鞭策、激励的作用。批评他人错误，让其改进不足，有时先肯定其优点，再指出其缺点，比直接批评要好。批评，先从表扬开始，常能收到事半功倍之效。

心理学家认为，人们都有一定的自尊心和虚荣心，比较爱面子，都有对形象的维护性、过错的掩饰性、赞扬的肯定性、挨批的排斥性。人们收获表扬的时候总会高兴，哪怕是微不足道，也会产生被肯定和被重视的良好感觉，因为得到了认可，得到了信任。而受到批评时，多数人的第一反应是："我真的错了吗?"因为人们与生俱来就有一种心理防卫机制，会找理由为自己辩解，潜意识中会对批评筑起"防护墙"。有的人心理承受能力、自控能力有限，如果直接批评，尤其是未搞清缘由的批评或错误的批评，往往使其产生逆反心理，甚或反抗心理。

错误的表扬，由于夸大表扬成分，可能使人骄傲自满、自负。错误的批评不仅让受批评者难以服气、不能接受，而且容易伤害受批评者的感情、自尊、自信，激化矛盾，影响团结。无论表扬还是批评，都要搞清事实，把握好度。批评要做到出于善意、出于真诚、出于解决问题，准确、客观，公道、公平、公正，实事求是。这样，才会让受批评者从心底里信服。

管理学家指出，批评有建设性批评和破坏性批评。建设性批评给予中肯意见和要求，易于促其改正。破坏性的批评可能使批评对象产生反感、拒绝或敌对情绪。上级批评下级，如凭一时之气，或情绪失控时批评，往往适得其反。一位管理学大师研究得出："经常处于批评中，就学会谴责；经常处于敌视中，就学会好斗；经常处于恐惧中，就学会忧虑；而经常处于鼓励中，就学会自信；经常处于受欢迎中，就学会悦纳他人；经常处于安全中，就学会相信自己。"

批评不能批斗，指错不能指责。批评要言之有物、言之有据，有的放矢，一针见血；不能心有成见、持有偏见，不能无中生有、造谣中伤；不掩盖问题又不捕风捉影；不把偶然错误说成一贯错误；大问题不可说小，小问题不可说大；原则问题不回避，枝节问题不纠缠；严重错误不轻描淡写，一般错误不上纲上线。批评要直接与间接、忠告与警示、感化与校正并用，一把钥匙开一把锁。

行为学家分析，大多数人总是乐于多听表扬、少受批评；能够接受批评的方式多是先表扬后批评。古人云："闻过则喜"，但在现实生活中很难做到。有谁天天挨批，还干劲十足？因此，讲究表扬与批评的方式、方法显得十分重要。谈心式的批评，是一种行之有效的方法：选择合适的时机和场合，在平等、平静、平和的氛围中进行，并适度地点评、肯定，能触及受批评者的心灵深处，使其易于认识过错、接受批评。可以试用以下几种方法：

先扬后抑 俗语说，三岁的娃娃喜欢戴高帽。很多人都乐于听到表扬。先表扬批评对象正确的方面，充分肯定成功之处，让其从心理上感到对他的认同，从而拉近两者间的距离，然后抓住问题的实质，入木三分、直击要害，脱去"隐身衣"、捅破"窗户纸"，推心置腹地谈及改进办法，使其心悦诚服。

先冷后热 对于情绪激动的批评对象，先以平和的口气安慰——进行"冷处理"，批评者让其平心静气，正确思维、客观地认识自己的过错。这时，精准的批评不仅能缓和紧张关系，而且会使批评对象深刻地认识到自己的错误原因。

先放后收 对于强词夺理、不肯认错的批评对象，先多加交流，自由畅谈，“王顾左右而言他”，其实是“醉翁之意不在酒”。在显现其光亮之处的同时，让其缺点充分暴露，然后抓住弱点与要害，在鲜明的对比下，使其产生较大的心理落差，从而让其认识到错误的症结所在。

对于不同对象、不同性质的过错，先表扬后批评的方法有多种多样，但要处理好几种关系：原则性与灵活性的关系，普遍性与特殊性的关系，严重性与一般性的关系。

表扬或批评应注意以下几点：

表扬或批评都需要真诚 最有效的沟通就是坦诚相待。真诚、真情是通过相处、沟通来触动内心的。批评他人时，不妨先理好情绪，双方内心平静、理智清醒时再分析错误表现、具体缘由、改进方法，共同寻求解决措施和路径，从而让批评对象产生共鸣，真正感受到关心和爱护。

表扬或批评都需要适法 批评要适事、适人、适时。善于营造私下批评的轻松氛围，有时会很容易解决问题。即使是私下里批评，也要考虑对方的情况、情绪、情感，要用对方能够接受的方式来表达，以理服人，以情感人。“扬善于公庭，规过于私室”这句话据说是曾国藩传授给他弟弟曾国华的秘诀。意思是说，对立有战功的将士要公开表扬、奖励；而对违反军规、犯有过失的将士则应在私下批评，帮助其改正。用现在的话来说，就是表扬要公开表扬，批评要私下批评。私下批评，既没有扩大影响，又保全面子。有时，坐下来，“软”下来，可能一切好谈。

表扬或批评都需要及时 要在第一时间对需要表扬或批评的事情尽快反馈。在管理工作中，一项做得很好的工作得到肯定和表扬被延迟了，往往激励效果会大打折扣。延迟表扬会让人觉得没有得到重视。对一些小成绩的及时肯定，会激励他人取得更大的成绩。不论获取的成绩有多大，管理者都应该大方地、及时地、毫不吝啬地给予表扬。表扬要及时，批评也要及时。批评要对事不对人，不要涉及其他，这样才有助于受批评者尽快地改进。

批评要根据对象采用针对性的方法。对基层工作人员的批评与领导班子成员民主生活会上的相互批评大不一样。在民主生活会上的批评要“红脸”“出汗”，而对基层工作人员的批评不必“辣味”十足、“炮声隆隆”。

表扬是件武器，批评是件利器。如果把表扬比作“文”，把批评比作“武”，高明的管理者总会手握两器，“文武之道，一张一弛”。批评与表扬的艺术在于两手抓都用心、两手用都有度，刚柔并济，游刃有余。

总之，在有些时候、有些场合，先表扬再批评，会好于先批评再表扬。

（原文刊发于2001年《安徽日报》，本文对原稿作了修改）

炊　烟

朋友从微信中发来一张图片，蓝天白云下的小山村，金色稻田和葱茏树林四面环绕，几户小院升起缕缕炊烟，恬静中洋溢着盎然生机，一如我儿时的家园。

小时候去上学，总要翻过屋后的一座大山。放学后，小伙伴们爬上山顶，驻足眺望，瞄着自家的烟囱，炊烟袅袅就表明家里有人在做饭。

炊烟就是有饭吃的信号。

我家的炊烟也有看不到的时候。记得有一次，家人去远方的姑妈家探亲，我只能吃泡饭、啃烙饼。到了第三天中午，终于在山顶上看到自家的炊烟。想着能吃上热饭菜，瞬间有了过年般的欢喜。

这重升的炊烟，就是点燃我冀盼的旗语。

记忆中，我的小伙伴大牛哥家没有断过炊烟，因为他娘从不出远门。大牛哥从小就是个讲情义、能吃苦、有号召力的人。他常常带领我们在放学回家的路上捡树枝、拔野蒿，给家里当柴火。有些柴火不是透干，烧起来的烟很浓，没有风起的时候，几家烟柱同时升腾，柔柔缓缓地舒展，是一种别样的壮观美奂。

那样一幅炊烟飘摇的画卷，就是挂在我心头的“国画”。

我在向往中暖暖地穿越山居的时光。

读好书才能干大事！从小，长辈们就这样教诲我们。大牛哥是我们学习的榜样。他上进、刻苦。夏天的晚上炎热、蚊子多，他就把双脚泡在凉水桶中，继续做功课。他一路顺利地考上了重点大学，毕业后分配在省城工作。他人缘好、勤快、能干又谦虚，做出许多成绩，不到十年就当上大领导。每逢过大节，大牛哥回老家，许多朋友都来聚会。他家的烟囱冒着滚滚的浓烟，从中午到晚上不停歇。

那时候，大牛哥家的炊烟就是我们全村人的骄傲。

在老家，我有过一次终生难忘的聚会。有一年高二放寒假，我约了三位同学到家里玩。因为事先没告诉家人，不速之客让我娘措手不及。家里只有白菜和干菜，拿不出荤菜来招待，我娘想到了家里仅有的一只老母鸡。听到捉鸡声，几位同学赶紧过去夺下我娘手中的菜刀，那可是正在孵蛋的老母鸡啊！趁我们不备，娘把鸡窝里待孵的十二个鸡蛋全打碎了，做了几个菜。我娘识字不多，但她明白：不能慢待客人。

多年以后，和同学们忆及那次聚会：在土灶旁呛着烟，轮流添柴烧火，还有那炒的、蒸的鸡蛋，尤其是得知鸡蛋的来历，无不感念我娘倾其所有、真情待客。

那餐午饭的炊烟，早已化作我生命中真诚待人的信念。

我考上大学，离开山村。在省城工作后，我虽然很少回故乡，但是娘的话一直记在心中："娃儿，在外做事要实实在在的，不拿公家东西，讲一算一。"娘的话，我都照办、受用了。

一路走来，庆幸有许多亲友和师长扶助。我没有大牛哥那么风光，但为人处世都像开车那样从不违章，安享着平淡中那份宁静和福报。

去年春节，我准备回老家过年。娘得知我回去，早晨八九点就生火做菜。老远，从山村公路上就看到了我家的炊烟。它在微风中摆动，归属般地感召，宛若灯塔引领我温暖地回归。

只是没有见到大牛哥家的炊烟。我娘说："大牛犯了法。他娘知道后一病不起。"我听了十分惊诧、无比痛惜——他曾是我敬佩的兄长啊。

大牛哥家没落的炊烟，给予我沉重的警示！

很感激娘的话，朴实却是无价之宝。它佑护我享受安宁。

回首过往，心向清欢，更加喜欢杨绛先生的人生感言："我们曾如此渴望命运的波澜，到最后才发现，人生最曼妙的风景，竟是内心的淡定与从容。"

我想，我的幸福就是坚守底线，在家人酣睡的夜晚，温馨地陪伴。间或放飞心灵，从容地守望那永驻心田的袅袅炊烟。

（本文刊发于 2016 年 3 月 16 日《新安晚报》）

后　　记

中国体育彩票是国家彩票、公益彩票。我有幸在省体彩中心工作十年，得到许多领导、同事的关爱和帮助，所见所闻，所学所思，获益匪浅，也与体彩结下了不解之缘。体彩是我师，体彩是我家。

记得在体彩中心工作初期，我认为销售彩票就像卖水果一样：有些人开个店，摆上水果，吆喝一下，工商所来人管管。相对彩票来说，“有些人”是指体彩团队，“开店”就是体彩的实体渠道建设，“水果”就是体彩的游戏产品，“吆喝”就是宣传营销，“工商所来人管管”就是专管员的管理。团队、渠道、游戏、宣传、管理构成体彩销售管理的五大要素。

随着工作深入，我才认识到：虽然都是平等开店，但开店目的、销售方式大有不同。体育彩票是政府彩票、阳光彩票，为体育事业和社会公益事业发展筹集公益金，服务社会公益事业。销售彩票是国家特许、不需缴税，远不同于一般的商品买卖。

彩票卖好，宣传先导。体彩宣传面对社会、面对市场，并不是想象中写个报道、拉个条幅那么简单，而是要和渠道建设、品牌建设、销售管理、技术创新等紧密结合、有机契合。

销售平凡，营销非凡。销售彩票不是简单地打个票就了事，而是要讲究市场营销、销售技巧。体彩销售需要提高知晓度、满意度、美誉度。体彩管理需要推进高质量发展，需要又稳又好地发展。

彩票卖好，更要彩票好卖。当渠道建设、游戏玩法、技术服务等稳定后，做好公益（公信）宣传、品牌宣传和营销宣传就显得十分重要。因之，我很注重彩票营销宣传的研究和投入。

我的外婆九十多岁，算得上是位资深的体彩玩家。她刮即开票中不中奖都很开心，给全家人带来了许多乐趣。《外婆喜欢“顶呱刮”》对此作了描述，表达了彩票宣传要多呈现购彩者购彩的快乐，体现了“公益体彩，乐善人生”的发行理念。

正是广大购彩者、代销者奉献的公益金，成就了体彩无数公益善举，彰显了体彩的阳光和精彩。

作为一名体彩工作人员，我十分珍惜在体彩中心工作的时光，时刻以感恩之心做好本职工作。我的工作信条是：学习前任，干好本任，传给后任。热爱体彩是我工作和写作的动力之源。十年躬耕，积下这些文稿。

本书参考了《赢在执行》《营销学》等著作及张志永博士讲座中的部分观点。书中文稿都已在《国家彩票》《中国体彩》《中国体育报》《足球世界》《中国体彩报》等媒体上刊载，成书时作了一些修改。感谢杜文娟、边媛、徐尧、杨天婴、王世让、戴昕等同志，以及本书编辑的付出！感谢许多专管员、销售员等同事给我提供的大量素材和案例！感谢国家体育总局体育彩票管理中心、兄弟省市体彩中心及省市县体育行政部门的领导和同志们多年来给我的厚爱与指导！

我是一名基层工作者，井底观天，一家之言，偏颇之处，诚望宽谅。

限于水平，虽然拙作都是一些肤浅体会，但它们真实地表达了我对体彩的挚爱和执着。如能给予读者一些启示和参考，不仅是我的最大心愿，更是对我的高度肯定。

我能在体彩岗位上工作是人生的一大幸事，因为体彩真精彩，体彩真出彩，精兵强将干体彩。我们在总局体彩中心的统领下，不忘初心，担当使命！

一约既定，万山无阻。流年笑掷，未来可期。

于我，记载这些感知，唯有收获——在岗时安心，离岗时心安。

陈文清

2022 年 10 月 31 日